DISSERTATION DE 1770

BIBLIOTHÈQUE DES TEXTES PHILOSOPHIQUES

Fondateur H. GOUHIER   Directeur J.-F. COURTINE

EMMANUEL KANT

DISSERTATION DE 1770

Introduction, édition, traduction et notes
par
Arnaud PELLETIER

PARIS
LIBRAIRIE PHILOSOPHIQUE J. VRIN
6, Place de la Sorbonne, V e
2007

© *Librairie Philosophique J. VRIN,* 2007

Imprimé en France

ISBN 978-2-7116-1873-6

www.vrin.fr

APERCEVOIR LA MÉTAPHYSIQUE

L'APERÇU MÉTAPHYSIQUE

La dissertation *Sur la forme et les principes du monde sensible et du monde intelligible* (désormais : *Dissertation*) a été écrite à l'occasion de la nomination de Kant au rang de professeur d'université, mais elle n'est pas pour autant un écrit de circonstance dans l'histoire de la pensée kantienne. Après bien des détours et des renversements (*Umkippungen*)[1], elle apparaît plutôt comme un premier point de convergence entre différentes lignes de pensée : la possibilité d'une nouvelle méthode de la métaphysique, selon un *leitmotiv* qui est déjà au cœur de la réflexion de Kant[2]. En somme, un *aperçu* sur une nouvelle métaphysique. On peut lire en effet au paragraphe 8

---

1. Selon un mot d'une lettre à Johann Heinrich Lambert du 31 décembre 1765, AA 10, 55. Les références bibliographiques et leurs abréviations sont données en fin de volume.
2. Voir, en plus de la lettre citée ci-dessus, les lettres à Moses Mendelssohn du 8 avril 1766 (AA 10, 69) et à Johann Gottfried Herder du 9 mai 1768 (AA 10, 73) qui annoncent toutes une réforme de la méthode de la métaphysique.

de la *Dissertation* qu'elle est un *specimen* d'une nouvelle science qui enseigne la distinction entre la connaissance sensible et intellectuelle, science qui n'est pas la métaphysique mais sa propédeutique. *Specimen* peut bien sûr s'entendre au sens d'échantillon ou d'essai : et la *Dissertation* livre bien une « partie non négligeable » de cette méthode qui s'accorde enfin à « l'esprit de la métaphysique » (*metaphysicae ingenio*, § 23). Mais de la métaphysique elle-même, Kant n'en a pas d'aperçu, au sens où il en aurait une *partie* déjà constituée, mais il en a une *visée* que permet cette nouvelle méthode. Il faut donc *avoir aperçu* une nouvelle méthode, et en donner un *specimen*, pour pouvoir *apercevoir* une nouvelle métaphysique, et en livrer une ébauche. Il confie ainsi à Johann Heinrich Lambert : la *Dissertation* est « une ébauche claire de la forme sous laquelle *j'apercevais* (*erblicke*) cette science, et une idée déterminée de la méthode qui lui est propre »[1]. La *Dissertation* est donc un *specimen*, un aperçu dans l'ambivalence du terme, c'est-à-dire à la fois dans l'antériorité d'une révélation et dans la projection d'une direction à suivre.

De quoi Kant s'est-il aperçu ? Il écrit dans une réflexion autobiographique datée de 1776-1778 : « J'essayais très sérieusement de démontrer des propositions et leurs contraires, non pour tout mettre en doute, mais pour découvrir où se trouvait une illusion de l'entendement que je supposais. L'année [17]69 m'apporta une grande lumière »[2]. Cette lumière de 1769 a-t-elle un rapport avec ce que Kant dit avoir

---

1. Lettre à Johann Heinrich Lambert du 2 septembre 1770, AA 10, 97 (trad. fr., p. 69).
2. *Refl.* 5037, AA 18, 69.

vu dans la *Dissertation* de 1770 (et rappelons que le voir – *specio* – est la racine du *specimen*) ? Et sur quel fond d'obscurité apparaît-elle ? Ou encore, pour reprendre un mot de Michel Foucault, à partir de quelle pensée d'avant la pensée émerge-t-elle pour scintiller un instant, jeter une lumière sur ce qui était déjà là et éclairer comme une lanterne ce qui est à venir [1] ? Pour répondre à ces questions, il nous faut exposer l'émergence des différents plans et problèmes de la *Dissertation*, leur lien éventuel à la grande lumière de 1769, les concepts dans lesquels ils se donnent, les problèmes qu'ils posent à leur tour et les transformations qu'ils appellent. Car Kant s'apercevra bien vite de ce qui est resté inaperçu au cœur même de l'aperçu.

CIRCONSTANCES

Rappelons d'abord les circonstances historiques du texte. À partir du semestre d'hiver 1755, après sa promotion au grade de « magister » le 12 juin et son habilitation le 27 septembre de la même année, Emmanuel Kant est professeur extra-ordinaire (c'est-à-dire non titulaire) de logique et de métaphysique à l'université Albertina de Königsberg. Lorsqu'en décembre 1769 l'université d'Erlangen lui propose un poste de professeur titulaire dans les mêmes disciplines, il décline l'offre en invoquant, outre l'attachement à sa ville paternelle et à son cercle d'amis, l'assurance d'une vacance prochaine de poste à Königsberg [2]. En effet, Christoph Langhansen, professeur de

---

1. M. Foucault, « Entretien avec Madeleine Chapsal », *La quinzaine littéraire* (1966), dans *Dits et Écrits*, Paris, Gallimard, 2001, vol. 1, p. 543.
2. AA 10, 81-86. Kant refuse pareillement une offre de l'université d'Iéna en janvier 1770 (AA 10, 87-88).

Théologie, correspondant de l'Académie de Berlin pour les questions astronomiques et titulaire d'une chaire de mathématiques à Königsberg, souffre d'une longue maladie et meurt le 15 mars 1770[1]. Après un échange de chaires avec Carl Andreas Christiani qu'il a lui-même suggéré, le magister Kant est donc nommé, à 44 ans, au poste de professeur ordinaire de logique et de métaphysique de l'université de Königsberg[2]. Les statuts universitaires l'obligent à soutenir publiquement une dissertation, que l'on appellerait aujourd'hui une thèse d'habilitation. Tout en assurant un minimum de vingt heures d'enseignement hebdomadaires, et en étant souffrant pendant l'été[3], Kant rédige sa dissertation entre avril et août 1770, pour la soutenir vraisemblablement le 21 août[4]. Il y reprend, comme nous allons le voir, bon nombre de réflexions écrites en 1769 et donc indépendamment des simples circonstances universitaires.

LE TITRE DE LA *DISSERTATION*

Si l'on a pu dire qu'un livre n'est pas la définition de son titre[5], le titre de la *Dissertation* donne pourtant déjà des indications (au moins nominales) à travers deux doublets. Le

---

1. AA 10, 90.

2. Ordonnance du cabinet du roi Frédéric II du 31 mars 1770, AA 10, 93.

3. À Marcus Herz du 31 août 1770, AA 10, 95. Kant demande à son ami de consulter pour lui les médecins de Berlin (trad. fr., p. 68). *Cf.* aussi AA 10, 97 (trad. fr., p. 70).

4. Sur la date de soutenance, voir ci-dessous, p. 54. Par ailleurs, rien n'indique que Kant ait commencé à rédiger dès l'hiver 1769, que ce soit à titre de mise au point personnelle ou d'anticipation de sa nomination.

5. Aristote, *Seconds analytiques*, II, 7, 92b30.

premier doublet est la distinction de deux mondes : le monde sensible et le monde intelligible. N'importe quel lecteur du milieu universitaire en 1770 identifie aisément derrière ce doublet une prise de position contre ce que l'on appelle depuis longtemps déjà la métaphysique leibnizo-wolffienne [1]. Quelle que soit en effet la pluralité des problèmes exposés par Kant et l'hétérogénéité de leur plan d'émergence, il faut partir du fait textuel simple de l'affirmation dès le titre de l'existence de deux mondes, c'est-à-dire immédiatement du refus de leur confusion (§ 7, § 24), en particulier sous la forme d'une contagion des connaissances intellectuelles par les connaissances sensibles (§ 23). Et l'on peut même dire que le texte unique de la *Dissertation* est celui de la distinction irréductible, sans continuité possible, des connaissances sensibles et des connaissances intellectuelles : à savoir l'impossibilité de ramener les principes des unes aux principes des autres. Cette distinction s'appuie dès le paragraphe 1 sur la distinction des facultés puisqu'il est admis que l'entendement peut connaître par concepts ce que l'intuition ne peut représenter et qu'on ne peut, autrement dit, produire dans le concret (*exsequor in concreto*). Tout comme les *Critiques* ultérieures partiront d'un fait (que ce soit le fait des jugements synthétiques *a priori* ou le factum de la raison pure), la *Dissertation* part du fait que l'*irreprésentable* selon l'intuition n'en est pas pour autant *impossible* selon l'entendement (§ 1).

---

1. Dès 1725, Jacob Wilhelm Feuerling fait paraître à Altdorf des *Observationes eclecticae ex controversiis de metaphysica Leibnitio-Wolfiana*. Baumgarten, puis Sulzer, Heinius ou Formey du temps de Kant se réclameront du courant « leibnizo-wolffien » (*cf.* A. Harnack, p. 399 *sq.*).

La distinction factuelle du pensable et de l'intuitivement représentable n'a pas échappé à la tradition leibnizo-wolffienne mais celle-ci refuse de la reconduire à une différence de nature entre des connaissances ou des facultés, pour l'interpréter comme une différence de degré dans la distinction des connaissances – qui relèvent ainsi toutes d'un seul et même monde. Aussi Kant reproche-t-il à Wolff d'avoir usé d'une distinction purement logique et non réelle entre le sensible et l'intelligible, et vise implicitement Leibniz pour les avoir, dit-il, définis comme des degrés respectifs de confusion et de distinction des connaissances (§ 7). Il est ici utile de restituer brièvement la thèse à laquelle Kant s'oppose, à savoir la représentation qu'il se fait de la pensée leibnizienne à travers le leibnizianisme de la *Schulphilosophie* allemande. Kant s'appuyait quotidiennement dans ses cours sur les manuels de Baumgarten et de Wolff, qui s'écartent sur des points fondamentaux de la doctrine leibnizienne, mais qui constituent également une des sources premières de la connaissance kantienne de Leibniz. Quels textes Kant a-t-il pu connaître ? Aux textes parus du vivant de Leibniz – comme les *Essais de théodicée* en 1710, les articles des *Acta eruditorum* (citons les « Méditations sur la connaissance, la vérité et les idées » de novembre 1684), des *Nouvelles de la République des Lettres* (par exemple l'énonciation du principe de continuité dans le numéro de juillet 1687), ou encore du *Journal des sçavants* (et le célèbre « Système nouveau de la nature et de la communication des substances » de juin-juillet 1695) – s'ajoutent deux textes posthumes, qui jouent un grand rôle dans la réception de Leibniz au 18e siècle : la soi-disant *Monadologie* (1720) et la controverse entre Leibniz et Clarke parue dans le *Recueil de diverses pièces* publié par Des Maizeaux dès 1720.

Enfin Erich Raspe publie à Leipzig en 1765 des *Œuvres philosophiques latines et françoises de feu Mr. De Leibnitz* qui contiennent entre autres inédits la première édition des *Nouveaux Essais sur l'entendement humain*[1]. Si l'on peut supposer que Kant a eu connaissance de ce dernier texte par l'intermédiaire de comptes-rendus, rien n'indique dans ses notes ni dans ses textes qu'il en ait fait une lecture attentive, et que les *Nouveaux Essais* aient par conséquent eu une influence directe sur la rédaction de la *Dissertation*[2]. Il serait en effet étonnant dans le cas contraire que Kant n'ait pas fait référence à la formulation d'une thèse centrale des *Nouveaux Essais* (« Il n'est rien dans l'entendement qui n'ait été dans les sens, si ce n'est l'entendement lui-même »[3]), et plus encore à celle de la continuité du sensible et de l'insensible dans les choses, et à son pendant entre les connaissances sensibles et intellectuelles[4].

---

1. La totalité de ce qui est publié à l'époque est réuni par L. Dutens dans des *Opera omnia*, 7 vol., Genève, 1768.

2. Cette question a fait l'objet de la thèse de doctorat de G. Feichtinger en 1928 (*cf.* bibliographie) et est résolue en quelques lignes par manque de preuve textuelle : « Il est difficile de penser que Kant ait lu une seule fois le texte de Leibniz entre 1766 et 1769, et encore plus difficile de penser que la philosophie de Leibniz se montre ici pour lui et pour la première fois d'une importance déterminante. […] Les *Nouveaux Essais* furent inessentiels dans le développement critique de Kant et arrivèrent trop tard pour pouvoir en influencer l'orientation » (Feichtinger, p. 22, nous traduisons).

3. Leibniz, *Nouveaux Essais*, II, 1, 2 : « *Nihil est in intellectu quod non fuerit in sensu, excipe : nisi ipse intellectus* » (A VI, 6, 111).

4. Par exemple, Leibniz, *Nouveaux Essais*, IV, 16, 12 (A VI, 6, 474). G. Deleuze (*Le pli*, Paris, Minuit, 1988, p. 89) attribue malheureusement dans ce paragraphe la formule « Il est malaisé de dire où le sensible et le raisonnable commencent » à Leibniz-Théophile alors qu'elle est due à Locke-Philalèthe (A VI, 6, 471).

D'où vient alors la représentation de cette *continuité*, que Kant nomme *confusion* leibnizienne du sensible et de l'intelligible ?

Il semble que Kant se soit forgé la représentation de cette confusion à partir de deux sources. Indirectement, il peut lire que Wolff et Baumgarten renvoient aux « Méditations sur la connaissance, la vérité et les idées » de Leibniz. Mais la stricte correspondance de l'intellectuel et du distinct d'une part, du sensible et du confus d'autre part – telle que Kant la formule au début du § 7 (« Tout ceci montre que l'on définit mal ce qui est sensible comme ce qui est connu plus *confusément*, ni ce qui est intellectuel comme ce dont la connaissance est *distincte* ») – ne semble avoir été soutenue avec ce degré d'universalité par personne, et en particulier pas par Leibniz. On peut lire en effet dans l'article cité que *dans certains cas* des concepts empiriques peuvent être très distincts (comme le concept empirique de l'or dont on peut donner des caractères convertibles avec son concept, même si on ne peut en énumérer tous les caractères) et qu'il y a des concepts intellectuels dits aveugles qui ne procurent qu'une connaissance symbolique (comme le concept de chiliogone dont il est impossible de se représenter tous les caractères, à savoir mille côtés) [1]. Mais *en d'autres cas*, et à un certain degré de distinction, la connaissance ne peut plus être qu'intelligible parce qu'elle excède les capacités sensibles : ainsi lorsque les sens ne *perçoivent* plus de différence, l'entendement peut encore en *penser* une [2]. Leibniz n'emploie

---

1. *Cf.* Leibniz, *Meditationes de Cognitione, Veritate et Ideis* (1684), GP IV, 423.

2. De manière similaire, Hume produit le contre-exemple (qu'il tient pour négligeable) de l'imagination capable de produire l'idée une nuance parti-

d'ailleurs pas la distinction entre « monde sensible » et « monde intelligible » mais entre le « monde sensible » et le « monde insensible », lesquels renvoient à des degrés différents de perception *selon un certain point de vue* (distinction de la perception), mais qui restent toujours de droit intelligibles (distinction de la connaissance). Que les objets tombent sous les sens ou non, qu'ils peuvent être représentés (distinctement) ou non, ils peuvent toujours êtres *connus*. Ainsi, et c'est la deuxième source, Kant a-t-il pu lire dans la controverse entre Leibniz et Clarke, à laquelle il renvoie dans les paragraphes de la *Dissertation* sur le temps et l'espace : « Je crois que ces observations générales qui se trouvent dans les choses sensibles, se trouvent encore à proportion dans les insensibles. Et qu'à cet égard on peut dire, comme disait Arlequin dans l'*Empereur de la Lune*, que c'est *tout comme icy* »[1]. C'est donc bien cette conception de la continuité leibnizienne des connaissances sensibles et intellectuelles que Kant vise dès le titre de la *Dissertation*.

Le titre de la *Dissertation* comporte cependant, en plus de la distinction des deux mondes, un autre doublet : *De forma et principiis*. On ne peut que le traduire par : *Sur la forme et les principes*. Mais la traduction ne lève pas toute ambiguïté : de quoi le premier doublet (*mundi sensibilis atque intelligibilis*) est-il le génitif ? Est-ce de la forme et des principes au même

culière de bleu qui ferait défaut dans un nuancier de bleu, comme pourrait l'être l'*International Blue Klein* (cf. *Traité de la nature humaine*, 1, 1, 1).

1. Leibniz, *Cinquième écrit contre Clarke (Quatrième réponse)*, GP VII, 394. « C'est tout comme icy » : l'expression et la référence se retrouvent dans les *Nouveaux Essais* IV, 16, 12 (A VI, 6, 472) et dans la correspondance (à Sophie Charlotte du 8 mai 1704, GP III, 343 ; à Hartsoeker, GP III, 497).

titre ? Autrement dit faut-il comprendre qu'il y a à la fois une forme du monde sensible et des principes du monde sensible (et pareillement pour le monde intelligible) ? On ne peut le décider avant de savoir si de telles expressions ont un usage dans le texte de Kant. Or s'il traite bien de la forme des deux mondes, pas une seule fois ne parle-t-il des principes du monde sensible ou intelligible. Les principes se rapportent à la forme et non au monde ; ils sont toujours les principes de la forme de l'un ou l'autre monde, comme l'indiquent les titres des sections III (*De principiis formae mundi sensibilis*) et IV (*De principio formae mundi intelligibilis*)[1]. Si l'on voulait proposer une solution qui ne soit pas littérale mais qui soit cependant conforme aux titres des sections, il faudrait considérer que la « forme » est un génitif des « principes » (soit : *De formae principiis*), et donner pour titre : *Sur les principes de la forme du monde sensible et du monde intelligible*. Et si l'on voulait éviter toute confusion sur le contenu du texte, alors il faudrait développer ainsi : *Sur les principes de la forme du monde sensible et sur le principe de la forme du monde intelligible*, puisque la forme du premier admet deux principes (l'intuition pure de l'espace et l'intuition pure du temps) quand la forme du second n'en admet qu'un (un être nécessaire, qui n'est pas nommé Dieu à cet endroit). Ces remarques étant faites afin de lever des doutes qui n'auraient pas lieu d'être, nous conservons la traduction la plus littérale, *Sur la forme et les principes etc.*, puisqu'une traduction extrapolée ne permet de toute façon pas

---

1. On trouve également cet usage dans les réflexions, cf. *Refl.* 3717 (1764-1768), AA 17, 260 (nous traduisons) : « Le *principium* de la forme de toute expérience est l'espace et le temps. Le *principium* de tout jugement de la raison pure : l'identité et la contradiction ».

d'éclairer de manière provisionnelle le sens de ces concepts [1]. Elles permettent seulement de confirmer le sens de la distinction des deux mondes : le monde sensible a une forme et des principes propres qui ne se confondent pas avec ceux du monde intelligible mais qui gouvernent un genre autonome de connaissances. On ne réfute la *continuité* des connaissances qu'en refusant la *confusion* de leurs principes.

Telles sont les indications que nous pouvions tirer du titre. Elles pourraient cependant tromper quant à l'objet de la *Dissertation*. Car si pour expliquer le sens de la distinction des deux mondes il a fallu passer des « principes » du monde sensible ou intelligible aux principes de la connaissance sensible ou intellectuelle – selon le passage effectué par Kant (du § 13 au § 15, corollaire) – c'est que l'objet premier du texte est bien de traiter du monde, c'est-à-dire des mondes, de leurs formes et de leurs principes, et par conséquent ensuite des connaissances qu'ils légitiment. Comme l'a noté Martial Guéroult, la *Dissertation* a bien pour objet le monde et non une critique des facultés humaines [2]. Elle reste et demeure une cosmologie. Donnons-en le mouvement général.

RÉSUMÉ

Kant part d'une définition générale du monde (section I) qui laisse d'entrée ouverte la possibilité d'une pluralité de mondes, avant de distinguer entre les choses sensibles et

1. Sur les problèmes de traduction du titre, *cf.* Chang Won Kim, p. 195-206.
2. Guéroult, p. 4.

intelligibles (section II) et d'introduire ainsi une distinction
entre les deux mondes. Cette définition par simples concepts
de l'entendement, d'abord purement négative, est antérieure à
la distinction des deux mondes et s'applique par conséquent
aux deux : elle sera remplacée par une définition positive au
début du § 13. Un monde est ainsi caractérisé de manière négative comme un tout qui n'est plus une partie (§ 1), caractère
convertible avec l'universalité des parties et la présence d'un
principe commun ou d'une forme invariable à toutes ces
parties (§ 2). Des trois points importants de la définition
générale du monde (la matière, la forme, l'universalité), c'est
la forme qui donne au monde son unité, en étant forme de
la coordination des substances, c'est-à-dire aussi principe
des influences *possibles* dans le monde ou principe de « toute
forme contingente et passagère de son état ». Définir un
monde, c'est définir sa forme (au singulier), c'est-à-dire le type
de coordination qu'il met en jeu. Un problème et une tension
sont soulevés dès cette première section, puisque l'on peut
atteindre un concept de totalité de deux manières, soit par
composition de concepts dans un concept abstrait de l'entendement, soit par synthèse ou addition successive dans l'intuition. Or les deux concepts auxquels on parvient ne coïncident
pas : on peut bien penser par l'entendement un tout infini, mais
on ne peut se le représenter dans l'intuition. La double formation (*duplex genesis*) du concept de monde traduit ainsi le
désaccord (*dissensus*) et finalement le conflit ou l'opposition
subjective (*subjectiva reluctantia*) entre les deux facultés de
connaître (§ 1). Dans l'ordre d'exposition de la *Dissertation*,
c'est ce décrochage qui amène à distinguer, avec les facultés
de connaître (section II), deux mondes (sections III et IV) :
le monde sensible qui est le tout des choses telles qu'elles

apparaissent, et le monde intelligible qui est le tout des choses telles qu'elles sont.

La section II développe ainsi les deux voies de la connaissance humaine qu'autorisent les deux facultés de connaître (sensibilité et entendement). L'objet est d'établir la distinction réelle de leurs objets (phénomènes et noumènes, § 3); puis la distinction de leurs actes – d'un côté, la coordination des propriétés sensibles dans l'intuition selon une loi interne à l'esprit, qui donne aux choses leur aspect (§ 4), de l'autre, les usages logique et réel de l'entendement (§ 5) –; et enfin d'établir la distinction des connaissances auxquelles elles donnent lieu (§ 8-11). Rétablir l'ancienne distinction réelle des phénomènes et des noumènes, c'est refuser toute continuité leibnizo-wolffienne des connaissances sensibles aux connaissances intellectuelles en considérant les unes comme irréductibles aux autres (§ 7), et c'est aussi reconnaître la possibilité d'une science des choses sensibles comme telles (§ 12). La section est assez déséquilibrée puisqu'il s'agit en quelque sorte de conquérir l'autonomie du sensible face à l'intelligible – choses ou connaissances. La mention de la coordination dans l'intuition sensible permet à Kant de penser alors le passage de la faculté sensible au monde sensible.

Chaque monde n'a qu'une forme, qui est la forme de sa coordination universelle. Le principe de cette forme est ce qui contient la raison, ou la condition, de la liaison universelle de toutes choses, soit en tant que phénomènes, soit en tant que noumènes: telle est la définition positive du monde (§ 13). Pour le monde sensible (section III), c'est-à-dire pour ce qui nous est donné dans la forme de l'intuition sensible et sous l'aspect des phénomènes, cette coordination repose sur deux principes: le temps et l'espace. Le temps et l'espace sont donc dits à la fois principes du monde sensible – à savoir de la forme de notre intuition (§ 10) ou de l'univers phénoménal (§ 13) – et principes de la connaissance sensible (§ 15, corollaire). La section établit trois propositions fondamentales. D'une part, l'irréductibilité du monde sensible est attestée par des propriétés temporelles (comme la succession de l'antérieur et du postérieur) ou spatiales (comme la chiralité) qui ne peuvent être expliquées par des caractères purement intellectuels. Deuxièmement, tous les espaces et les temps déterminables ne le sont que comme limitations d'un espace et d'un temps infinis donnés : ce qui explique l'impossibilité de la donation d'un tout infini dans l'intuition, point de départ de la *Dissertation*. Enfin, l'espace et le temps sont des principes subjectifs, c'est-à-dire que la condition de la coordination des choses sensibles, ou la condition de possibilité des choses telles qu'elles nous apparaissent, ou encore l'intuition pure, est une loi de l'esprit. Par cette subjectivation, le temps et l'espace ne sont ni purement absolus (c'est-à-dire indépendants de toutes choses, comme des réceptacles vides, selon Newton), ni purement relatifs (c'est-à-dire définis par l'ordre des choses successives ou coexistantes, selon Leibniz).

Quant au monde intelligible, *connu* par l'usage réel de l'entendement, il admet une forme qui lie ce qui existe en soi, c'est-à-dire qui permet le *commerce des substances* (section IV). La formulation du problème de la section IV et des concepts dans lesquels il s'énonce remonte ainsi au *Système nouveau* de Leibniz. L'analyse des concepts permet à Kant d'énoncer que le monde doit donc avoir pour principe un être nécessaire sur lequel repose tous les êtres contingents (§ 19). Le texte est très lapidaire dans l'exigence d'éclaircissement conceptuel et de démonstration : la liaison de toutes les choses intelligibles en *un* monde implique conceptuellement ou logiquement l'unicité de leur cause (§ 19-20). Quant à la forme même que prend cette coordination, cette liaison, ce commerce, Kant se prononce en faveur d'une version corrigée de l'influence physique, qu'il ne démontre pas, mais qui lui « semble suffisamment prouvée par d'autres raisons » (§ 22). Lesquelles il ne donne pas. Cette brièveté et ce recours à l'usage démonstratif de l'implication conceptuelle – c'est-à-dire le recours à ce que Kant nomme l'usage réel de l'entendement – seront presque unanimement qualifiés par les commentateurs de dogmatisme de la *Dissertation*.

La cinquième et dernière section traite de la méthode que l'on peut tirer en métaphysique de la distinction entre le monde sensible et le monde intelligible, et donc entre les connaissances sensibles et intellectuelles – qui est le véritable enjeu du texte. En effet une des sources d'erreur en métaphysique est l'attribution aux concepts intellectuels de propriétés appartenant aux concepts sensibles (§ 23-24) : toute proposition qui implique une référence au temps et à l'espace ne peut concerner les choses elles-mêmes mais les apparitions. En soumettant à l'analyse certaines propositions de la philosophie scolaire afin d'en séparer les éléments sensibles et intellectuels et d'en déterminer la légitimité, Kant donne bien les premiers fruits de la nouvelle méthode de la métaphysique (mentionnée dès le § 1), cette science propédeutique qui enseigne la distinction entre les connaissances sensibles et intellectuelles (définie au § 8) et dont l'usage principal est réfutatif ou élenchtique (§ 9).

Kant ne soumet donc pas à l'université de Königsberg un simple aperçu programmatique, mais livre déjà les résultats d'une sorte de philosophie analytique des propositions du système de la métaphysique défini par Christian Wolff[1] – initiant une analogie avec l'analyse chimique (il parle d'*art docimastique* au § 24) qu'il emploiera souvent par la suite. Mais il s'avoue d'emblée insatisfait par sa thèse d'habilitation.

LE REGARD DE KANT : UN MOMENT DÉCISIF
MAIS UN TEXTE HÉTÉROGÈNE

Quelques jours seulement après la soutenance, Kant témoigne lui-même de la valeur mais aussi des défauts de son manuscrit. Il écrit ainsi au ministre von Fürst dès le 2 septembre 1770 : « Ce texte universitaire d'examen (*Probeschrift*), bien qu'il semble à mes yeux receler quelques aspects importants, est cependant fort loin de satisfaire au souhait d'offrir quoi que ce soit qui pût correspondre à la gracieuse attente et à la légitime exigence de votre Excellence »[2]. Plus qu'une formule de modestie convenue, Kant laisse entendre qu'il ne défend pas totalement le texte qu'il a soutenu publiquement : non seulement le texte n'exprime pas fidèlement sa pensée en août 1770 (ce que la comparaison avec des réflexions contemporaines permet de confirmer), mais encore ne le considère-t-il pas comme un texte achevé au sens où sa réflexion serait

---

1. À savoir la division en métaphysique générale (ontologie) et en métaphysique spéciale, elle-même divisée en cosmologie, théologie et psychologie rationnelles. *Cf.* Christian Wolff, *Discurscus Praeliminaris de philosophia in genere* (1728), chap. III (*De partibus philosophiae*); trad. fr. Paris, Vrin, 2006, p. 111-149.

2. Au Ministre Maximilian baron de Fürst et Kupferberg, du 2 septembre 1770, AA 10, 95 (trad. fr., p. 68).

arrivée à un terme, fût-il provisoire. Sur les raisons de ce décalage partiel entre l'écrit universitaire et ses notes personnelles – que l'urgence de la soutenance ne saurait à elle seule justifier – nous préférons ne pas hasarder d'hypothèse. Toujours est-il que Kant confie à Lambert l'hétérogénéité de son propre texte, non seulement du point de vue de sa rédaction – mais surtout de sa matière : « La première et la quatrième *section* peuvent être seulement parcourues, vu leur insignifiance, mais dans les deuxième, troisième et cinquième, quoique à cause de mon indisposition [Kant vient de dire qu'il a été indisposé tout l'été] je ne les aie certes pas élaborées à ma satisfaction, il y a me semble-t-il, une matière digne d'un développement plus soigné et plus étendu » [1]. Dans la compréhension que Kant a de lui-même et du développement de sa pensée, qu'est-ce qui justifie ce jugement si partagé sur « les premiers fruits de la charge qui lui a été confiée » (*Dissertation*, dédicace à Frédéric) ?

La valeur de la *Dissertation* tient pour Kant aux sections II (sur la distinction des phénomènes et des noumènes, c'est-à-dire les *choses* sensibles et intelligibles), III (sur l'espace et le temps) et V (sur la méthode à adopter concernant cette fois-ci les *connaissances* sensibles et intellectuelles). Le texte restera d'ailleurs suffisamment déterminant dans sa biographie intellectuelle pour qu'il suggère encore en 1797 qu'une édition de ses œuvres commence par la *Dissertation* sans inclure les textes antérieurs à 1770 [2]. Cette suggestion, qui a inauguré un débat pléthorique dans le commentaire sur le statut

1. À Johann Heinrich Lambert du 2 septembre 1770, AA 10, 98 (trad. fr., p. 70).

2. À Johann Heinrich Tieftrunk du 13 octobre 1797, AA 12, 208 (trad. fr., p. 681).

de la *Dissertation* dans l'origine de la pensée critique, converge avec d'autres déclarations autobiographiques de Kant : les célèbres déclarations sur le réveil du « sommeil dogmatique ». Il y a d'une part celle de la préface des *Prolégomènes* de 1783 : « Ce fut l'avertissement de David Hume, qui, voilà plusieurs années, me sortit de mon sommeil dogmatique et donna une tout autre direction à mes recherches dans le champ de la philosophie spéculative »[1]. Il y a d'autre part sa non moins célèbre reprise dans une lettre à Christian Garve du 21 septembre 1798 : « C'est l'antinomie de la raison pure : "Le monde a un commencement. – Il n'a pas de commencement, etc. jusqu'à la quatrième : Il y a une liberté en l'homme – contre : il n'y a pas de liberté, tout est, au contraire, en lui, nécessité naturelle"; c'est cette antinomie qui m'a d'abord réveillé de mon sommeil dogmatique et m'a conduit à la Critique de la Raison Pure elle-même afin de supprimer le scandale de la contradiction apparente de la Raison avec elle-même »[2]. Ces déclarations obligent l'historien de la philosophie à identifier textuellement les passages où l'influence de Hume et le problème des antinomies s'exprimeraient, puis à les dater pour pouvoir décider si la source de la philosophie critique se trouve dans l'une plutôt que dans l'autre, ou si elles ne sont que deux aspects d'un même réveil du sommeil dogmatique[3]. Une partie du débat tourne ultimement sur l'impossibilité d'une datation précise de certaines réflexions, et nous nous contentons de renvoyer ici

---

1. *Prolégomènes à toute métaphysique future qui pourra se présenter comme science*, AA 4, 260.
2. Lettre à Christian Garve du 21 septembre 1798, AA 12, 257 (trad. fr., p. 705).
3. Kreimendahl, p. 13.

aux différents arguments des commentateurs[1]. Retenons seulement que les deux déclarations de Kant peuvent concorder avec la réflexion sur la grande lumière de 1769, que nous avons déjà citée : « J'essayais très sérieusement de démontrer des propositions et leurs contraires, non pour tout mettre en doute, mais pour découvrir où se trouvait une illusion de l'entendement que je supposais. L'année [17]69 m'apporta une grande lumière »[2]. En effet, le problème que l'on peut nommer « problème des antinomies » est l'objet d'une part de nombreuses réflexions des années 1769-1770 (phases κ – λ)[3] ; d'autre part « l'influence de Hume » trouve sans doute son origine dans la lecture de la traduction par Johann Georg Hamann de la section 1, 4, 7 du *Treatise of human nature*, publiée dans les *Königsbergsche gelehrte und politische Zeitungen* de juillet 1771, mais dont on a pu raisonnablement supposer qu'elle devait être connue de Kant dès 1768-1769[4]. Laquelle section traite de la contradiction nécessaire et naturelle de la raison avec elle-

1. Voir dans la bibliographie les références à Schmucker, Hinske, Kreimendahl et Ertl. Les deux premiers ne rattachent pas le problème des antinomies à la lecture de Hume, contrairement aux deux derniers. Sur le débat entre Hinske et Schmucker concernant la datation des « feuillets de Berlin » (*Refl.* 3716 et 3717, AA 17, 255-262), *cf.* Wolfgang Ertl, p. 72-80.

2. *Refl.* 5037, AA 18, 69. Voir aussi les lettres à Christian Garve du 7 août 1783 (AA 10, 338, trad. fr., p. 209) et à Moses Mendehlssohn du 16 août 1783 (AA 10, 345, trad. fr., 215), qui parlent d'une réflexion de douze ans ayant mené à la *Critique de la raison pure*, renvoyant implicitement à l'année 1769.

3. Un des arguments décisifs de Lothar Kreimendahl (p. 187-212) est de montrer que le problème des antinomies n'est pas formulé par Kant à partir de 1772 mais bien dès les réflexions de 1769.

4. Hypothèse formulée par Kreimendahl, p. 83-101 et 253-255. Pour un exposé des controverses sur la datation de la lecture kantienne, nous renvoyons encore à Wolfgang Ertl, p. 80 *sq.*

même lorsqu'elle est trompée par une illusion de l'imagination[1]. Nous nous en tiendrons par la suite prudemment aux seules réflexions datées sans discussion de 1769, et à leur rapport aux sections indiquées de la *Dissertation*.

À côté de cela, Kant qualifie aussi les sections I (sur la notion de monde en général) et IV (sur le principe de la forme du monde intelligible, c'est-à-dire sur le principe du commerce des substances) de « négligeables » (*unerheblich*). Elles reprennent en effet des éléments traditionnels de la métaphysique dogmatique qui ont pu faire dire que la *Dissertation* est « le plus dogmatique des écrits précritiques »[2]. C'est que l'unité synchronique du texte, qui rassemble pour la première fois des lignes de pensée différentes, repose sur des couches diachroniques plus ou moins profondes et hétérogènes et qui en constituent l'horizon de pensée.

LES DIFFÉRENTS PLANS D'ÉMERGENCE DE LA *DISSERTATION*

La *Dissertation*, pour le dire brièvement, pose la question du monde et de la manière dont il est *connu* par l'entendement

---

1. Hume, *Treatise of human nature*, I, 4, 7, p. 546, nous traduisons : « C'est ce principe [*i.e.* l'imagination] qui nous fait raisonner sur les causes et les effets ; et c'est ce même principe qui nous convainc de l'existence continue des objets extérieurs lorsqu'ils ne sont pas présents aux sens. Mais bien que ces deux opérations soient tout autant naturelles et nécessaires à l'esprit humain, elles sont cependant directement contraires en certaines circonstances et il n'est alors pas possible pour nous de raisonner correctement et régulièrement sur les causes et les effets et de croire en même temps à l'existence continue de la matière ».

2. Alquié, p. 625.

d'une part, et la sensibilité de l'autre (§ 3). Or ces trois niveaux d'enquête relèvent, dans l'histoire de la pensée kantienne, de trois niveaux d'élaboration différents qui ont chacun leur genèse, c'est-à-dire leur source et leur chronologie propres – ou encore de trois plans d'émergence différents, depuis la reprise d'éléments de la métaphysique dogmatique traditionnelle (Leibniz, Wolff, Baumgarten) jusqu'à la formulation de nouveaux éléments de doctrine (la subjectivation de l'espace et du temps).

Le problème du monde et le système wolffien

Si la *Dissertation* est le premier texte prenant pour objet la question du monde [1], Kant enseigne depuis plusieurs années la cosmologie dans son cours de métaphysique en s'appuyant sur la deuxième partie de la *Metaphysica* d'Alexandre Gottlieb Baumgarten [2]. Laquelle traite de la cosmologie générale, c'est-à-dire des prédicats qui s'appliquent en général à tout monde possible : « La cosmologie générale est la science des prédicats généraux du monde, qu'elle soit empirique, c'est-à-dire tirée de l'expérience, ou rationnelle, c'est-à-dire tirée de la notion du monde » [3]. Kant reprend cette idée d'une cosmologie générale puisqu'il part d'une définition générale du monde (« un tout qui n'est plus une partie », § 1), avant même de distinguer

---

1. On trouve bien dans *L'histoire naturelle et la théorie générale du ciel* de 1755 ou dans la *Nova dilucidatio* et dans la *Monadologia physica* de 1756 des passages qui traitent du monde, mais point de doctrine du monde en général, c'est-à-dire de cosmologie.

2. *Cf.* Kant, *Annonce du programme des leçons du semestre d'hiver 1765-1766*, AA 2, 309.

3. Baumgarten, *Metaphysica* (1757), § 351, AA 17, 103.

les voies d'obtention du concept de monde, et par conséquent de distinguer le monde sensible et le monde intelligible (*ibid.*). Cela s'apparente à la formulation traditionnelle de la cosmologie rationnelle telle que la définit déjà Wolff dans son système de la métaphysique, et qui part d'une préconception du monde comme composé substantiel donné, c'est-à-dire comme un tout composé de parties simples qui sont des substances[1]. Mais cela ne fait pas pour autant de la *Dissertation* une cosmologie rationnelle au sens baumgarteno-wolffien. En effet, là où la cosmologie rationnelle épelle les prédicats rationnels du monde (unique, selon Wolff) ou de tous les mondes (possibles, selon Baumgarten)[2] – *unum, perfectus, mutabilis, finitum, dependens, etc.* – et donc suppose un tout *déjà donné* qu'il faut caractériser dans sa totalité[3] – la cosmologie kantienne est une enquête sur le *mode de donation* de ce tout, et est donc immédiatement une doctrine des deux mondes. S'il y a donc bien une définition générale du monde (négativement, § 1 : un tout qui n'est plus une partie ; positivement, § 13 : ce qui comporte une forme de coordination du multiple ou un principe de liaison

---

1. Wolff, *Cosmologia generalis* (1737), § 48 : « La série des êtres finis reliés entre eux tant simultanément que successivement est appelée *monde*, c'est-à-dire aussi *univers* ».

2. C'est la version baumgartenienne que Kant reprend dès la *Nova Dilucidatio* (1755), prop. XIII, usus : « Il n'est pas absurde de penser qu'il peut exister plusieurs mondes, même au sens métaphysique, si Dieu l'a voulu ainsi » (AA 1, 414, nous traduisons).

3. Baumgarten, *Metaphysica*, 1757, § 354, AA 17, 103 : « Le monde est la série (la multitude, le tout) des choses actuelles finies, qui n'est pas une partie d'une autre série ». Cette donation d'un tout qui *n'est plus* une partie relève pour Kant d'une définition négative du monde (§ 2.III), alors qu'elle en est pour Baumgarten sa *notio affirmativa* (*ibid.*).

universelle), elle reste le texte unique de cette « cosmologie générale ». Car définir un monde, c'est définir sa forme de coordination. Peut-être peut-on trouver dans cette différence originelle entre les projets cosmologiques kantien et wolffien la raison pour laquelle la cosmologie rationnelle est la seule branche du système de métaphysique wolffien à ne pas être citée dans la *Dissertation*. En effet, parlant de l'usage dogmatique des connaissances (§ 9), Kant mentionne la métaphysique générale (l'ontologie) et seulement deux branches de la métaphysique spéciale : la psychologie rationnelle et la théologie rationnelle. Mais cela montre aussi clairement que Kant reprend à son compte certains éléments de la métaphysique dogmatique.

L'usage réel de l'entendement et le « leibnizianisme » de Kant

On lit au paragraphe 9 que les *connaissances* intellectuelles ont une fin dogmatique [1] lorsque les principes généraux de l'entendement pur aboutissent « à quelque modèle qui n'est concevable que par l'entendement pur, et qui est la mesure commune de toutes les autres choses en tant que réalités ». Autrement dit, l'entendement pur peut non seulement *penser* ou *concevoir* des choses intelligibles qui ne sont pas représentables dans l'intuition (§ 1), mais il peut les *connaître*, c'est-à-dire affirmer que les concepts qu'il produit correspondent aux choses telles qu'elles sont en soi, ou dans leur réalité. L'usage de l'entendement est alors dit réel lorsqu'il produit ou *donne* les concepts des choses elles-mêmes, c'est-à-dire lorsque les

---

1. Voir la note de traduction 45, *infra*, p. 183.

concepts de l'entendement ont réellement une valeur objective; son usage est dit logique lorsqu'il *subordonne* des concepts selon leur généralité (§ 5). Par l'usage réel, qui est réservé à la philosophie pure et en particulier à la métaphysique (§ 23), l'entendement connaît les choses intelligibles et ne fait pas que comparer, subsumer, classifier des phénomènes. Cette thèse de la connaissance du monde intelligible, ou des choses en soi, ou des noumènes, ou encore des choses telles qu'elles sont (*sicuti sunt*, § 4), est sans doute l'élément le plus archaïque de la *Dissertation*, que la *Critique de la raison pure* dénoncera comme l'erreur fondamentale de la métaphysique dogmatique[1].

Kant fait au moins deux fois un usage réel de l'entendement dans la *Dissertation* : dans sa « connaissance » du concept général de monde, et dans celle du principe de la forme du monde intelligible – c'est-à-dire précisément dans les sections I et IV qu'il tient pour « négligeables ». Dans le premier cas, puisque la *notion* de composé implique les notions d'éléments simples (*simplicia*) et de monde, alors « si des composés substantiels sont donnés, des éléments simples et un monde sont aussi donnés, ce que l'on montre facilement par un argument tiré des raisons de l'entendement (*ab rationibus intellectus*) » (§ 1). L'argument est intellectuel[2], mais il conserve sa valeur objective. Le postulat qui le soutient n'est pas celui d'une simple analyse quantitative (à savoir la régression d'un

---

1. *Cf.* Kant, *CRP* B XXXV : « Le dogmatisme est la démarche dogmatique qu'adopte la raison pure *sans critique préalable de son propre pouvoir* ».

2. *Dissertation*, § 28 : « L'*argument intellectuel* qui établit que si un composé substantiel est donné, alors des principes de composition, c'est-à-dire des simples, sont aussi donnés ».

tout donné à ses parties possibles[1]) mais d'une analyse qualitative (à savoir la régression de la conséquence au principe[2]),
c'est-à-dire le passage du concept à l'existence. De même la
section IV produit une preuve dogmatique de Dieu, ou plus
précisément de l'existence d'un être nécessaire : le commerce
des substances est une question que seul l'entendement peut
résoudre (*nonnisi intellectui solubilis*, § 16), et puisque selon
les lois de l'entendement pur toute série d'effets a son propre
principe (*quaelibet series causatorum habet sui principium*,
§ 28), alors le commerce des substances n'est possible que si
elles appartiennent à un monde comme tout, qui n'est lui-même
possible que par l'existence d'une unique substance nécessaire
extérieure au monde dont il découle (§ 19). Ce postulat de
l'entendement pur, selon lequel lorsque le conditionné est
donné alors la série entière des conditions est aussi donnée,
sera limité aux seuls noumènes dans la *Critique de la raison
pure*, et sa validité objective vis-à-vis des phénomènes ne sera
donc pas reconnue[3].

D'un côté Kant introduit la distinction des phénomènes et
des noumènes, de l'autre l'entendement pur ou les connaissances intellectuelles ont une valeur objective non seulement
dans le monde intelligible des noumènes, mais aussi dans le
monde sensible des phénomènes. C'est cette position (dogmatique) de l'entendement que Martial Guéroult a qualifiée de
leibnizienne ou d'anti-critique, et qui lui a fait écrire : «On

---

1. *Regressus a toto ad partes ipsius possibiles* (*Dissertation*, § 1).
2. *Regressus a rationato ad rationem* (*ibid.*).
3. *Cf.* Kant, *CRP* A 497/B 525 («Décision critique du conflit cosmo-
logique de la raison avec elle-même»).

retire d'une main ce qu'on a donné de l'autre »[1]. La *Disser-tation* est donc traversée par une asymétrie fondamentale, et même un déséquilibre ou une tension : des concepts et des conclusions de l'entendement, que l'on peut concevoir sans les produire dans le concret (*in concreto exsequor*), s'appliquent quand même à la connaissance des objets de l'intuition. Par où l'on voit toute la distance qui sépare la *Dissertation* d'une critique des facultés, et en particulier de la limite critique par excellence entre penser et connaître[2] ; mais aussi toute la distance qui la sépare déjà de Leibniz, puisque la distinction (critique s'il en est) des phénomènes et des noumènes n'est pas sans conséquence sur la conception même de l'entendement pur. Si l'on peut reconnaître, avec Martial Guéroult, que Kant partage avec Leibniz la thèse d'une «primauté» ou d'un «privilège» de l'entendement[3], la doctrine de l'entendement pur est-elle la même ici et là ?

Si la sensibilité est déjà définie comme «réceptivité du sujet», l'entendement n'est pas encore défini comme sa spon-tanéité : «L'*intelligence* (la rationalité) est la *faculté* du sujet par laquelle il peut représenter ce qui, en raison de sa nature même, ne peut tomber sous les sens» (§ 4)[4]. Mais si le mot n'est pas là, Kant reconnaît bien une sorte de spontanéité de l'entendement en affirmant que ses concepts ne peuvent en aucune manière être tirés des représentations sensibles : «Il ne faut pas chercher les concepts [de la métaphysique] dans les

---

1. Guéroult, p. 12. L'expression «anti-critique» est employée p. 17.
2. *Cf.* Kant, *CRP* B XXVI, note.
3. Guéroult, p. 12-13.
4. Sur la distinction entre sensibilité et entendement comme réceptivité de l'esprit et spontanéité de la connaissance, *cf.* Kant, *CRP* A 51/B 75.

sens mais dans la nature même de l'entendement pur, et cela non comme des concepts *innés* mais comme des concepts abstraits des lois se trouvant dans l'esprit (en faisant attention à ses actes à l'occasion de l'expérience), et donc comme des concepts *acquis* » (§ 8). Kant cherche explicitement à se démarquer de l'innéisme leibnizien : les concepts purs de l'entendement ne sont pas innés (*connati*) mais bien acquis (*acquisiti*) ou abstraits (*abstracti*) par réflexion sur les actes des lois de l'esprit, lesquelles sont elles-mêmes innées (*menti insitis*). C'est donc l'innéité des lois ou des formes de l'esprit qui font que ces concepts sont donnés par la nature même de l'entendement pur (*ipsa natura intellectus puri*)[1]. Mais ces actes, et donc cette réflexion, ne sont possibles qu'à l'occasion de l'expérience (*occasione experientiae*) – thèse qui sera reprise dans la *Critique de la raison pure*[2]. Cette spontanéité de l'entendement à l'occasion de l'expérience, ou *spontanéité par occasion*, ne peut se confondre avec la spontanéité absolue de la substance leibnizienne, qui est une *spontanéité sans occasion*[3], et que Leibniz invente en même temps qu'il invente le mot de spontanéité : « Il faut donc dire que Dieu a créé d'abord l'âme, ou toute autre unité réelle de telle sorte, que tout lui doit naître de son propre fonds, par une parfaite spontanéité à

---

1. Les concepts sont aussi dits *dantur per ipsam naturam intellectus puri* (§ 6) et *per ipsum intellectum purum primitive dantur* (§ 23).

2. *Cf*. Kant, *CRP* A 66/B 91, et les notes de traduction 43 et 65, *infra*, p. 182 et 187.

3. Nous nous permettons de renvoyer à notre texte : « "C'est donc dans l'Entéléchie que la spontanéité se trouve" : l'émergence de la spontanéité chez Leibniz », dans *Einheit in der Vielheit, VIII. Internationaler Leibniz-Kongress*, H. Breger, J. Herbst et S. Erdner (éd.), Hannover, Drückerei Hartmann, 2006, p. 788-795.

l'égard d'elle-même, et pourtant avec une parfaite conformité aux choses de dehors »[1].

La doctrine de l'usage réel de l'entendement est bien *reprise* de la métaphysique dogmatique, c'est-à-dire qu'elle en est déjà une inflexion qui la distingue du leibnizianisme, et plus encore du platonisme[2]. Pourtant deux éléments les plus innovants de la *Dissertation* ne vont pas se faire sans référence à ces doctrines.

Le problème de l'espace et l'article de 1768

La doctrine de l'intuition pure de l'espace et du temps a été reconnue depuis toujours comme un des acquis principaux de la *Dissertation* : elle sera en effet reprise en très grande partie dans l'Esthétique transcendantale de la *Critique de la raison pure*[3]. Si elle ne peut se comprendre indépendamment de la distinction des phénomènes et des noumènes qui semble être définitivement acquise en 1769, comme nous allons le voir, le problème de l'espace a reçu une inflexion significative en 1768. En effet, Kant publie en février 1768 sous forme de feuilleton dans un hebdomadaire, les *Königsberg Frag- und Anzeigungsnachrichten*, un texte intitulé *Sur le premier fondement de la distinction des régions dans l'espace*[4]. Il annonce vouloir y

1. Leibniz, *Système nouveau de la nature et de la communication des substances* (1695), GP IV, 484.

2. Sur ce point, voir G. Sala, p. 5 *sq.*

3. Remarquons que dans l'histoire de la réception de Kant, la thèse de la non réalité – ou idéalité transcendantale – de l'espace et du temps, que reprendra Kant par la suite, a été précisément rejetée par ses premiers lecteurs : Lambert (AA 10, 103-111), Sulzer (AA 10, 112) et Mendelssohn (AA 10, 113-16).

4. AA 2, 377-383.

montrer que « l'espace absolu, en tant que premier fondement de la possibilité de la composition de la matière, a sa propre réalité indépendamment de l'existence de toute matière »[1] – et par la même prendre parti contre Leibniz qui ne conçoit pas d'espace réel indépendamment de la position des choses les unes par rapport aux autres[2]. L'opposition des thèses rappelle immédiatement la controverse entre Leibniz et Clarke, publiée dans le *Recueil de diverses pièces*, où Leibniz y définit l'espace comme relatif, ou ordre des coexistences (« L'espace n'est autre chose que cet ordre ou rapport, et n'est rien du tout sans les corps, que la possibilité d'en mettre »[3]); alors que Clarke défend la réalité d'un espace absolu, immense, immobile et « vide de corps »[4]. Mais peut-être ne faut-il pas identifier trop rapidement le rejet explicite de la thèse leibnizienne à la justification de l'espace absolu newtonien. Si tel était le cas, la *Dissertation* s'opposerait doublement la *Distinction des régions dans l'espace* : d'une part parce qu'elle rejette l'espace absolu newtonien; d'autre part parce qu'elle produit comme argument fondamental en faveur de l'intuition pure l'exemple des objets non congruents (c'est-à-dire de formes similaires mais non superposables, comme la main gauche et la main

---

1. AA 2, 378.
2. AA 2, 377, 383.
3. *Troisième écrit de Leibniz contre Clarke*, § 4, GP VII, 363.
4. *Quatrième réponse de Clarke à Leibniz*, § 8-10, GP VII, 383. Clarke n'emploie pas lui-même l'expression d'espace « absolu », mais il défend bien la thèse de Newton : « L'espace absolu, qui est sans relation à quoi que ce soit d'extérieur, demeure de par sa nature toujours semblable et immobile » (*Philosophiae naturalis principia mathematica*, définitions, scolie, 2).

droite), qui était précisément invoqué en 1768 en faveur de
l'espace absolu[1].

Or reprenons brièvement le titre de l'article. Kant n'y parle
pas de la distinction des régions *de* l'espace mais *dans* l'espace
(*im Raume*), c'est-à-dire du sentiment rapporté *à notre propre
corps* du haut et du bas, de la gauche et de la droite, de devant et
de derrière[2]. L'espace n'est donc ni abstrait des rapports de
choses extérieures les unes aux autres, ni un réceptacle vide : ce
que Kant appelle « espace absolu et originel » est ce sentiment
interne de la différence spatiale qui seul permet de distinguer
réellement des régions dans l'espace et de situer des objets
dans celui-ci[3], de sorte que « nous connaissons par les sens tout
ce qui est en dehors de nous que comme étant en relation avec
nous-mêmes »[4]. Aussi l'espace absolu « n'est pas l'objet d'une
sensation externe mais un concept fondamental (*Grund-
begriff*) qui les [*i.e.* les sensations] rend d'abord toutes possibles »[5]. Kant ne formule pas ici la thèse de la subjectivation,
c'est-à-dire de l'idéalité transcendantale de l'espace et du
temps comme intuitions pures, et ce serait une illusion rétro-
spective de vouloir y ramener l'article de 1768 ; mais il donne
plutôt une formule intermédiaire qui, en définissant l'absoluité
de l'espace dans le rapport du corps aux sensations des objets
extérieurs, prépare le terrain à l'émergence d'une esthétique
transcendantale. Il faut pour cela que vienne converger une
quatrième ligne de pensée.

1. AA 2, 381-382.
2. AA 2, 379.
3. AA 2, 383.
4. AA 2, 378.
5. AA 2, 383. *Cf.* Chang Won Kim, p. 217 *sq.*

Les réflexions de 1769 (phase κ) ou la grande lumière sur
les « antinomies »

Le texte sur la *Distinction des régions dans l'espace*
oppose deux thèses qui n'entrent pas en conflit puisque l'on
peut en exclure une en invoquant le simple contre-exemple des
objets non congruents. Par contre, Kant remarque que la
cosmologie comporte des oppositions de thèses qu'il semble
impossible de lever. De nombreuses réflexions de la phase κ
(1769) en témoignent : « Il est tout aussi impossible de se
représenter une suite de causes qui n'a pas de commencement,
que de concevoir comment elle commence »[1]; « Il faut penser
le monde comme limité mais l'on ne peut pas aussi en penser
les limites »[2]; ou encore « On peut penser un *commencement
dans le monde*, mais pas un *commencement du monde* »[3]. Kant
nomme ceci un « conflit des lois subjectives (*ein Streit subjec-
tiver Gesetzte*) »[4] résultant du fait que « la raison juge universellement par concepts (purs), mais qu'elle requiert en même
temps une limite (dans la subordination ou la coordination)
qui contredit l'universalité »[5]. Ainsi la cosmologie, en se
confrontant au tout du monde, au concept de totalité qu'il faut à
la fois poser mais que l'on ne peut en même temps représenter,
est immédiatement confrontée au problème des antinomies,
ou de la contradiction apparente de la raison avec elle-même.
Ce problème est donc du même coup celui de la possibilité

1. *Refl.* 3928 (1769), AA 17, 350. Voir aussi *Refl.* 3976 (AA 17, 372) et
Refl. 3936 (AA 17, 355).
2. *Refl.* 3937 (1769), AA 17, 355.
3. *Refl.* 4134 (1769-1770), AA 17, 428.
4. *Refl.* 4007 (1769), AA 17, 383.
5. *Refl.* 3999 (1769), AA 17, 381.

même de la métaphysique[1]. Sauver la métaphysique, ou simplement commencer à l'apercevoir, c'est bien la sauver de ces antinomies.

Ce que Kant aperçoit dans ces mêmes réflexions de l'année 1769, c'est qu'il n'y a pas de conflit réel entre des thèses contraires, mais seulement une apparence de conflit due à la possibilité de considérer les choses de deux manières, en tant que sensibles (c'est-à-dire en tant qu'elles apparaissent à notre intuition) ou en tant qu'intelligibles (c'est-à-dire en tant qu'elles existent en soi). C'est la distinction des phénomènes et des noumènes, et avec elle la nouvelle théorie de l'espace et du temps par lesquels seuls les phénomènes nous sont donnés, qui constituent inséparablement la grande lumière de 1769. L'espace et le temps ne sont plus considérés comme absolus (au sens newtonien) mais comme des conditions subjectives – c'est-à-dire relevant de la nature de l'esprit – qui donnent leurs formes aux phénomènes, aux choses qui nous apparaissent. Ainsi : « L'espace et le temps précèdent les choses : cela est tout à fait naturel. En effet, ils sont tous les deux des conditions subjectives sous lesquelles seules des objets peuvent être donnés aux sens »[2]. Les différentes lignes de pensée que nous avons mentionnées convergent donc pour la première fois. Le problème des antinomies trouve sa solution (au sens où l'on *dissout* l'apparence de contradiction de la raison avec elle-

---

1. Les contradictions nécessaires de la raison avec elle-même posent également le problème de la possibilité de la métaphysique chez Hume (*Treatise of human nature*, 1, 4, 7), quelle que soit la datation de la lecture que Kant ait pu en faire par ailleurs.

2. *Refl.* 3892 (1769), AA 17, 405. Voir aussi *Refl.* 3957 (1769), AA 17, 365.

même, plutôt que l'on ne *résout* une contradiction réelle) lorsque l'on fait intervenir la distinction réelle des phénomènes et des noumènes, c'est-à-dire l'originarité de la sensibilité et de l'entendement dans la connaissance : les premiers peuvent être connus à travers les conditions intuitives de l'espace et du temps, selon une direction de pensée amorcée dans l'article de 1768; les seconds relèvent de l'usage réel de l'entendement, héritier de la métaphysique dogmatique. La distinction permet alors de penser à nouveaux frais la question métaphysique du monde, et de la proposer comme exemple de la méthode à suivre dans toute la métaphysique (*Dissertation*, § 1).

Une des réflexions centrales qui montre que la distinction des phénomènes et des noumènes apporte une solution au problème des antinomies, et nous permet ainsi de relier les fils de la pensée kantienne, est datée sans hésitation par Adickes de 1769 :

Il est nécessaire selon la loi subjective de la raison de supposer un premier acte dont tout le reste suit; mais il est tout aussi nécessaire de supposer un fondement de chaque acte en général, et donc rien de premier.

Il y a des concepts fondamentaux purs de l'intuition et de la réflexion; les premiers sont les principes de l'apparition, les seconds de la saisie; les premiers montrent la coordination, les seconds la subordination. Parce que tout se présente dans le temps, tous nos concepts de la raison sont toujours aussi pensés sous la condition du phénomène; les conditions des seconds ne s'accordent pas avec les conditions des premiers. Il n'y a pas de premier possible dans le temps, mais il doit y en avoir un au fondement.

Si la compréhension d'une chose devait être complète, nous devrions en avoir un premier fondement; mais nous ne pouvons pas poser de premier fondement par la raison, et il suit donc qu'il n'y a aucune compréhension complète d'une position absolue par la raison humaine.

Les concepts simples de la raison, c'est-à-dire tous les concepts simples sont subjectifs; les concepts objectifs sont formés par l'accord de la connaissance avec elle-même et sont donc composés. Le concept de *premier* est donc subjectif, parce qu'il contient le concept de *tout*.

Toutes les relations réelles (mis à part l'espace et le temps) sont données dans l'expérience (selon les relations d'espace et de temps) et ne peuvent donc s'appliquer à aucune proposition de la raison pure [1].

La distinction des phénomènes et des noumènes apparaît donc comme une clé de voûte dans la genèse de la *Dissertation* puisqu'elle permet une sorte de première synthèse, inachevée aux yeux de Kant, entre la réflexion sur l'usage de l'entendement, la pensée de l'espace, et le problème des antinomies. Si ce dernier est considéré par Kant lui-même comme le point de départ de la réflexion critique, il n'est qu'indirectement le point de départ de la *Dissertation* qui s'ouvre, elle, sur le constat de l'opposition subjective (*reluctantia subjectiva*) ou du désaccord (*dissensus*) des facultés sensible et intellectuelle, qui relève déjà de l'explication des antinomies. Dans l'ordre d'exposition du texte, Kant ne pose pas des *contradictions* de la raison avec elle-même qu'il voudrait extirper de la métaphysique; mais il part du désaccord de deux facultés dont il veut éviter la *confusion*, ce qui permet à la fois d'assurer l'irréductibilité et l'autonomie de la connaissance sensible par

---

1. *Refl.* 3976 (1769), AA 17, 372-373. Mentionnons aussi les réflexions 4122 et 4123 (AA 17, 425) qu'Adickes date de la période κ-λ (1769/1773-1775).

rapport à la connaissance intellectuelle, mais aussi d'assurer que la métaphysique (à travers l'usage réel de l'entendement) est à l'abri de toute influence sensible. Autrement dit, la grande lumière de 1769 (la distinction des phénomènes et des noumènes) se reflète bien dans la *Dissertation* comme son centre, mais ne montre pas son lieu d'émergence (les « antinomies »). Seule la lumière compte, c'est-à-dire aussi les premiers préceptes de la nouvelle méthode qu'elle permet d'apercevoir : « Il ne faut donc pas considérer les axiomes des phénomènes pour des choses intellectuelles (*intellectualia*) » [1]. Cette rencontre entre une solution nouvelle et des problèmes traditionnels trouve son expression dans le vocabulaire employé.

LA LANGUE DE LA *DISSERTATION*

Nous avons déjà remarqué que, du point de vue doctrinal, Kant entérine la primauté de l'entendement sur la sensibilité, mais également que, du point de vue argumentatif, les développements sur le monde sensible sont beaucoup plus substantiels que ceux concernant le monde intelligible. Cela se retrouve dans l'usage lexical puisque les principes du monde sensible, le temps (qui est le concept le plus cité de la *Dissertation* avec 108 occurrences pour le rang 8 de toutes les formes lexicales) et l'espace (63 occurrences pour le rang 22) sont beaucoup plus cités que les désignations du principe du monde intelligible, qui interviennent par ailleurs en d'autres contextes (*Deus* est cité 7 fois pour le rang 67 et *necessarius* est cité 29 fois pour le

---

1. *Refl.* 4058 (1769-1775?), AA 17, 400.

rang 45)[1]. Mais il faut surtout remarquer que Kant invente dans la *Dissertation* un vocabulaire qui n'est pas encore totalement homogène et fixé. Donnons-en deux exemples.

Le vocabulaire de la sensibilité et de l'entendement

Kant emploie deux couples de concepts en latin, *sensibilis-intelligibilis* et *sensitivus-intellectualis* qu'il a pu transposer en allemand par les couples *sensibel-intelligibel* et *sensitiv-intellektuel*. Ainsi dans le vocabulaire de la *Critique de la raison pure*, leur usage semble précisément déterminé puisque les premiers s'appliquent aux objets, et les seconds viennent qualifier la connaissance : « Car seules sont intellectuelles ou sensitives (*intellektuell oder sensitiv*) les connaissances » (*CRP*, B 312). Il faut cependant immédiatement ajouter que cet usage de « sensitif » (*sensitiv*) est, contrairement à ce que pourrait laisser penser cette indication terminologique, tout simplement un hapax dans les œuvres publiées de Kant[2]. Loin d'importer la distinction latine entre *sensitivus* et *sensibilis* en allemand et de transposer la distinction entre *sensitif* et *sensible*, Kant emploie l'adjectif *sinnlich* (sensible) à la fois pour qualifier les objets et les connaissances[3]. Il n'y a guère,

---

1. P. Pimpinella, A. Lamarra, « Indice di frequenza decrescente dei lemmi », p. 209-226. Sans surprise, les concepts les plus fréquents relèvent du vocabulaire de la sensibilité et de l'entendement : *conceptus* (98 fois, rang 10), *sensitivus* (86 fois, rang 13), *principium* (73 fois, rang 18), *mundus* (67 fois, rang 21), *intellectus* (61 fois, rang 23), *lex* (60 fois, rang 24), *intellectualis* (59 fois, rang 25), *sensus* (48 fois, rang 29), *intuitus* (45 fois, rang 32), sans compter les occurrences de *sensibilis, sensualis, intelligibilis, intuitivus*.

2. Roser et Mohrs, t. VI, p. 454.

3. Kant parle ainsi autant de connaissance sensible (*sinnliche Erkenntniss* : AA 3, 065 ; AA 4, 290) que d'objet sensible (*sinnliche Gegenstände* : AA 6,

à notre connaissance, que dans une réflexion postérieure à la *Dissertation*, que Kant reprend la distinction, mais dans un contexte où le monde intelligible prend déjà une signification morale :

> La connaissance est soit sensible (*sensitiv*) soit intellectuelle (*intellectual*); les objets soit sensibles (*sensibel*) soit intelligibles (*intelligibel*). Un autre monde que le monde sensible (*sensible*) ne peut nous être donné; et donc tout monde physique est (du point de vue *matériel*) sensible (*sensibilis*); seul le Monde moral est (du point de vue *formel*) intelligible (*intelligibilis*). C'est pourquoi, parce que la liberté est la seule chose qui soit donnée *a priori* et qui soit constituée par cette donation *a priori*, la règle *a priori* de la liberté constitue de manière générale dans un monde *la forme du monde intelligible*. Celle-ci mène des fondements de la liberté à la présomption des *choses intelligibles* (*intelligibilium*): Dieu et un monde futur dans lequel tout (la nature) sera conforme aux lois morales.
>
> Le *monde intelligible* (*mundus intelligibilis*) est comme objet de l'intuition une simple idée (indéterminée); mais comme objet du rapport pratique de notre intelligence aux intelligences du monde en général et à Dieu comme son être originel pratique, il est un vrai concept et une idée déterminée: la Cité de Dieu (*Civitas Dei*) [1].

Nous citons en entier cette réflexion qui atteste que le sens même du *monde intelligible* est modifié dès avant 1775, et peut-être dès les reformulations de la problématique kantienne

---

006), d'intuition sensible (*sinnliche Anschauung*: AA 3, 066) que de concept sensible (*sinnlicher Begriff*: AA 3, 136); de forme sensible (*sinnliche Formen*: AA 3, 231) que de représentation sensible (*sinnliche Vorstellung*: AA 3, 508).

    1. *Refl.* 4349 (vers 1770-1775), AA 17, 515-516.

en 1771 [1]. En ce qui concerne le terme *sensitivus*, qui n'apparaît chez Kant pratiquement que dans la *Dissertation*, sa traduction française par l'adjectif *sensitif* se ferait contre son usage courant (car sensitif renvoie à l'appareil sensitif, et non aux connaissances sensibles), et nous choisissons plutôt de traduire *sensibilis* et *intelligibilis*, qui caractérisent les objets ou les choses, par *sensible* et *intelligible* (et ainsi *sensibilia* et *intelligibilia* par *choses sensibles* et *choses intelligibles*); et *sensitivus* et *intellectualis*, qui caractérisent la connaissance, par *sensible* et *intellectuel* (et par suite *sensitiva* et *intellectualia* par *connaissances sensibles* et *connaissances intellectuelles*). L'usage de Kant est sur ce point homogène dans la *Dissertation*, à une exception près [2]. À cela il faut ajouter l'adjectif *sensualis* (§ 4) qui dénote l'origine sensible d'une représentation (*repraesentatio sensus*), c'est-à-dire une représentation dont la matière est une sensation (*sensatio*) : nous le traduisons par *issu des sens*.

La caractérisation de l'espace et du temps

Lorsqu'il s'agit de déterminer le «concept» (§ 2.II), l'«idée» (§ 14.1) ou la «notion» (§ 12) d'espace ou de temps, l'usage est beaucoup moins homogène – ce dont cette triple

---

1. Contrairement à ce que suggère Lambert (Lettre à Kant du 13 octobre 1770, AA 10, 103), la *Dissertation* ne fait qu'effleurer la morale au § 9. Mais peut-être veut-il encourager Kant qui lui a confié vouloir passer son hiver à mettre en ordre la philosophie pure morale, c'est-à-dire la métaphysique des mœurs (Lettre à Lambert du 2 septembre 1770, AA 10, 97).

2. Au § 10, Kant qualifie un concept privé de toute donnée de l'intuition d'*intelligibilis*, alors qu'il est partout ailleurs caractérisé d'*intellectualis*. Voir la note de traduction 51, *infra*, p. 183.

dénomination témoigne : en effet, en bonne terminologie baumgartenienne, ils ne devraient pas être nommés des notions, lesquelles sont des concepts communs, mais bien seulement des idées, en tant qu'ils sont des concepts singuliers[1]. S'il y a bien des concepts d'espace et de temps (§ 14 et 15) – qui ont pu même être décrits comme des produits de l'entendement pur dans certaines réflexions de 1769[2] –, l'espace et le temps en eux-mêmes ne sont précisément pas des concepts, et leurs propriétés ne peuvent être expliquées par des caractères purement intellectuels, raison pour laquelle il y a bien une irréductibilité du monde sensible au monde intelligible[3]. C'est ce caractère non intellectuel qui réunit les différentes désignations de l'espace et du temps. Ils peuvent ainsi être caractérisés sans contradiction à la fois de phénomènes des choses sensibles ou de l'existence des choses (§ 2), de principes formels de notre intuition (§ 10), de schémas de la connaissance sensible (§ 13), de principes formels de l'univers phénoménal (§ 13) d'intuitions pures (§ 15), de principes de la connaissance sensible ou même d'images immuables du sensible (§ 15, corollaire). Dans l'invention de ce vocabulaire, le temps et l'espace ne peuvent être qualifiés d'image (*typus*)

---

1. *Cf.* Baumgarten, *Acroasis logica* (1761), § 44.

2. *Refl.* 3957 (1769), AA 17, 365 (nous traduisons) : « Ainsi le concept de l'espace et du temps est un concept pur de l'intuition et parce que tout ce qui est en lui ne peut être connu que par l'entendement à travers des expériences, il est ainsi un concept pur de l'entendement ; et bien que les apparitions soient empiriques, il est cependant bien intellectuel » ; et *Refl.* 4073 (AA 17, 405) : « Spatium et tempus sunt conceptus intellectus puri ».

3. *Dissertation*, § 15, corollaire : « Toutes les propriétés primitives de ces concepts échappent à la raison et ne peuvent donc en aucune manière être expliquées intellectuellement ».

ou de schéma (*schema*) que par une métaphore qui cherche à signifier qu'une *forme intuitive* n'est pas elle-même une *matière sensible* : car l'espace et le temps ne sont pas qualifiés d'images ou de schémas sensibles, mais bien d'images ou de schémas *du sensible*. Kant a bien pris soin au § 4 de préciser que la forme de la représentation sensible ne doit précisément pas être comprise comme un « schéma ou une esquisse de l'objet » (*adumbratio aut schema objecti*) – termes qu'il réserve donc à l'intuition pure. On explique de la même manière qu'ils soient qualifiés, une seule fois certes, de phénomènes (§ 2), alors même que le mot définit explicitement par ailleurs les objets sensibles (*objectum sensualitatis*, § 3) : c'est que Kant veut insister sur leur différence d'avec des idées purement rationnelles, selon un usage de *phaenomenon* que l'on retrouve dans des réflexions contemporaines [1].

APRÈS 1770
KANT ET L'INAPERÇU DE LA *DISSERTATION*

La distinction des phénomènes et des noumènes peut donc valoir comme l'aperçu propre de la *Dissertation*, cette pensée qui émerge sur le fond de la cosmologie et qui en éclaire les contradictions apparentes (c'est le sens rétrospectif de l'aperçu), tout en portant en elle les promesses d'une nouvelle méthode pour toute la métaphysique (c'est le sens projectif de l'aperçu). À défaut de présenter celle-ci, Kant dénonce les pseudo-principes « très malheureusement répandus dans la métaphysique » (*per omnem metaphysicam pessime grassata*)

---

1. Cf. *Refl.* 4078 (1769), AA 17, 406 et *Refl.* 4086 (1769), AA 17, 409.

et frappe d'invalidité les questions que l'on pouvait justifier jusque là sous ce terme : celle du monde spirituel, de l'omniprésence de Dieu (§ 15.D) ou de sa présence locale (§ 27), du siège de l'âme ou du moment de la création (§ 27). Selon les commentaires, on lira que ce dont traite en propre la *Dissertation* est soit le monde (sensible et intelligible), soit le problème des antinomies soit celui de la méthode de la métaphysique[1]. Mais s'il faut être précis, le monde est son *objet*, la distinction du connaissable et du représentable son *problème*, la distinction des phénomènes et des noumènes sa *thèse*, et la méthode de la métaphysique son *enjeu*. Que la méthode de la métaphysique, recherchée dès le paragraphe 1 – et qualifiée ensuite de propédeutique à la métaphysique (§ 8 et 30) – soit seulement aperçue et non constituée est indiqué par Kant lui-même : il en a bien l'esprit (*ingenio metaphysicae*) mais il n'en a pas encore les moyens (*nec copia fusius*, § 23)[2]. Il écrit ainsi à Johann Heinrich Lambert : « Depuis près d'un an je suis parvenu, comme je m'en flatte, à cette idée […] que l'on peut examiner toutes sortes de *questions* métaphysiques d'après des *critères* tout à fait sûrs et faciles, et décider avec certitude jusqu'à quel point elles peuvent être résolues ou non », et il affirme pouvoir exposer l'ébauche de cette science « en un espace assez court,

---

1. Respectivement Guéroult, p. 4 ; Kreimendahl, p. 223 et Pimpinella, p. 60.

2. L'expression peut aussi signifier « avoir l'occasion », comme le traduit Walford (p. 407 : *opportunity*). Si l'on retient cette traduction, il ne faut pas comprendre que la *Dissertation* n'est pas l'occasion adéquate pour exposer cette nouvelle méthode (y aurait-il meilleure occasion qu'une soutenance en vue d'un poste de logique et métaphysique ?), mais que Kant n'a pas encore eu l'occasion (c'est-à-dire le temps) de la développer.

c'est-à-dire en quelques lettres »[1]. Mais il ne le fera pas. C'est qu'une tension interne à la *Dissertation* va nécessiter une reformulation de la problématique, et par suite l'abandon de la thèse d'habilitation.

Rappelons l'asymétrie fondamentale de la *Dissertation* : alors que les représentations issues des sens (*sensualis*) n'ont de valeur et de validité objective que dans le monde sensible, les concepts purs de l'entendement conservent, par un privilège inexpliqué dans la *Dissertation*, une valeur objective dans les deux mondes. La preuve la plus patente de cette asymétrie se trouve dans la méthode concernant les connaissances sensibles et intellectuelles de la section V : il s'agit d'éviter que « les principes domestiques de la connaissance sensible ne sortent de leurs limites (*suos terminos migrent*) et n'affectent les connaissances intellectuelles » (§ 24); mais en aucun cas de la réciproque. Aussi est-il clair que lorsque l'on traite de « la contagion de la connaissance sensible *et* de la connaissance intellectuelle (*cum intellectuali*) » (§ 23), il faut bien l'entendre comme la contagion de la connaissance intellectuelle *par* la connaissance sensible[2].

S'il est établi que le donné de la sensibilité est irréductible à l'entendement d'un côté, la manière dont les concepts de l'entendement pur se rapportent à leurs objets reste inaperçu de l'autre. Autrement dit, si la validité objective de la sensibilité a bien des limites, la *Dissertation* n'assigne à l'entendement d'autre limite que celle de n'être pas capable d'intuition intellectuelle (§ 10). La question se pose alors de la détermination

1. À Johann Heinrich Lambert du 2 septembre 1770, AA 10, 97 (trad. fr., p. 69).

2. Voir la note de traduction 104, *infra*, p. 194.

des limites de l'objectivité des concepts : leur objectivité peut-elle être phénoménale *et* nouménale ? C'est-à-dire : tous les concepts produits par l'entendement s'accordent-ils avec la réalité ? Ou encore : comment les concepts ont-ils des objets ? La *Dissertation* ne dit pas comment les concepts purs de l'entendement sont abstraits des lois innées de l'esprit (§ 8), ni comment on peut éviter les erreurs dont ils sont susceptibles (§ 23). Le commentateur peut remarquer après coup que Kant est passé près de la thèse de l'idéalité transcendantale des concepts purs de l'entendement – à savoir le fait qu'ils sont des conditions de possibilité de la connaissance des choses sensibles – si l'on compare la formulation de leur caractère acquis avec celle du caractère acquis de l'espace et du temps. En effet, d'un côté les concepts purs de l'entendement sont des « concepts abstraits des lois se trouvant dans l'esprit (en faisant attention à ses actes à l'occasion de l'expérience) » (§ 8) ; de l'autre l'espace et le temps sont des « concepts abstraits de l'acte de l'esprit qui coordonne ce qui est senti selon des lois invariables », acte qui est précisément provoqué par les sensations (§ 15, corollaire)[1]. Mais aussi grande que puisse être la parenté des deux formulations, il faut surtout remarquer qu'une telle thèse est restée inaperçue de Kant en 1770, et que la limite entre la pensée (des seuls intelligibles) et la connaissance (des seuls sensibles) n'est pas déterminée. On en trouve un indice supplémentaire dans le fait que la *Dissertation* ne distingue d'ailleurs pas entre entendement et raison[2].

---

1. Cf. *Dissertation*, § 14. 5 : « L'acte de l'esprit qui coordonne les choses senties n'est provoqué que par les sens eux-mêmes ».

2. La faculté qui traite des choses intelligibles est « l'intelligence (la rationalité) » (§ 3). La connaissance soumise aux lois de l'intelligence, c'est-à-

La question de l'objectivité des concepts, ou des limites de l'usage de l'entendement (vis-à-vis de la sensibilité d'une part, vis-à-vis de la raison de l'autre) est donc cet inaperçu, ou cet « impensé » que va désormais prendre Kant pour objet [1]. Aussi, lorsqu'il écrit en juin 1771 à Marcus Herz, son répondant lors de la soutenance : « Je suis actuellement occupé à mener à son terme un ouvrage intitulé *Les limites de la sensibilité et de la raison*, qui est consacré au rapport des lois et des concepts fondamentaux se rapportant au monde sensible » et qui traite de ce qu'il avait « passé sous silence » [2], a-t-il déjà explicitement abandonné l'idée de corriger la *Dissertation* en vue d'une édition améliorée, pour travailler à un *autre ouvrage*. Ce dernier a déjà un *autre objet* – non plus la cosmologie mais la critique des facultés de la connaissance –, pose un *autre problème* [3] et fera émerger progressivement une *autre thèse*. Par delà toutes les continuités et les filiations chronologiques que le commentaire peut être tenté de décrire dans la genèse d'une pensée, il semble que la vie de la pensée se nourrit plus des problèmes qu'elle rencontre au cœur même de son inven-

dire aux « lois de l'entendement et de la raison » (§ 1), est elle-même dite « intellectuelle ou rationnelle » (§ 3). Voir la note de traduction 29, *infra*, p. 179.

1. Sur les différents changements de problématique induits par l'impensé de l'analytique transcendantale, voir R. Theis, p. 1-76.

2. À Marcus Herz du 7 juin 1771, AA 10, 123 (trad. fr., p. 89). Le même titre est annoncé dans une autre lettre à Marcus Herz du 21 février 1772, AA 10, 129 (trad. fr., p. 94).

3. Citons la formule très célèbre de la lettre à Marcus Herz du 21 février 1772 : « Sur quel fondement repose le rapport de ce qu'on nomme en nous représentation à l'objet ? » (AA 10, 130 ; trad. fr., p. 94). Le seul fait que le problème critique ne soit pas formulé en 1770 suffit à conclure le débat sur le caractère critique ou précritique (que celui-ci soit pris dans le sens proto-critique ou anti-critique) de la *Dissertation* : c'est un texte non critique.

tion et des ruptures et cassures sur le sol même qu'elle tente d'établir. Dans le cas présent, si l'objet, le problème et certaines thèses fondamentales subiront de nouveaux « renversements » dans la pensée kantienne, du moins son *enjeu* semble être resté constant, à savoir réformer la méthode de la métaphysique afin de mettre cette dernière sur la voie de la science. Mais il ne faut pas oublier que le sens de la métaphysique se modifie à mesure que les problèmes eux-mêmes changent aussi[1]. Par exemple, la grande lumière aperçue en 1769, à savoir la distinction des phénomènes et des noumènes, est le fil directeur d'une métaphysique nouvelle que Kant aperçoit, à savoir la possibilité d'un usage réel de l'entendement enfin préservé de la contagion des connaissances sensibles. En 1770, la détermination d'une science des phénomènes est avant tout la détermination des limites dont elle ne doit pas sortir. Mais en 1781, la même distinction sera employée pour déterminer cette fois les limites hors desquelles l'entendement ne doit pas sortir dans son usage objectif. Et Kant consacrera alors une section centrale de la *Critique de la raison pure*, « L'amphibologie des concepts de la réflexion » (*CRP*, B 316-348), à réfuter la doctrine de la distinction du monde sensible et du monde intelligible, comme s'il voulait éradiquer pour lui-même la thèse qu'il avait soutenue dans la *Dissertation*[2].

---

1. Ainsi, on n'identifiera pas trop hâtivement la définition de la métaphysique comme « critique de la raison pure » en 1769 (*Refl.* 3964, AA 17, 368) et en 1781.

2. L. White Beck (p. 9) a pu écrire en ce sens : « L'un des adversaires les plus importants de la *Critique*, qui n'est pas nommé et que le lecteur ne reconnaît pas souvent, est Emmanuel Kant lui-même ».

Apercevoir la métaphysique de la *Dissertation* n'est donc pas y trouver des traces des écrits ultérieurs, en considérant qu'elle a accompli, sur le chemin présumé linéaire de la philosophie transcendantale, le pas de l'Esthétique transcendantale, et qu'il lui reste à franchir celui de l'Analytique transcendantale. Cela occulterait à coup sûr sa singularité[1]. Mais c'est lui restituer son caractère de *specimen* ou d'aperçu, c'est-à-dire restituer cette pensée qui émerge de la rencontre de différents plans, qui scintille un instant dans la clarté d'une nouvelle distinction pour être immédiatement captée par les tensions et les failles qu'elle vient justement d'éclairer de sa grande lumière. «Tout cela rapidement aperçu»[2]. On peut donc comprendre d'une autre manière que Kant ait lui-même désigné la *Dissertation* comme le point de départ de la réflexion critique : non pas qu'il considère y avoir gravé dans le marbre les premiers acquis doctrinaux de la critique, mais parce qu'elle est parcourue d'une tension de laquelle émergera le problème critique. S'il n'a pas pris toute la mesure de cette tension en 1770, il a pourtant bien conscience, comme nous l'avons vu, de l'hétérogénéité des différentes strates de son texte – que nous avons ici brièvement exposée.

L'ÉDITION DU TEXTE

Le texte a donné lieu à deux tirages en 1770, que l'on désigne comme éditions originales A_1 et A_2, puisqu'ils ne diffèrent selon Erich Adickes que par leur page titre. Le

---

1. *Cf.* Kreimendahl, p. 234.
2. R. Char, *Le marteau sans maître* (1945), «Eaux-mères».

premier tirage (A₁) indique sur la page titre la date de soutenance du 21 août, mentionne l'imprimerie de l'université et de
la cour de Königsberg («Regiomonti, Stanno regiae aulicae et
academicae typographiae») et comporte une longue dédicace
à Frédéric. Le second (A₂) donne la date du 20 août, mentionne
l'imprimeur Johann Jakob Kanter («Impensis Io. Iac.
Kanteri») et ne comporte pas de dédicace[1]. Il semble donc que
le premier tirage, sans doute restreint, ait été destiné à la
soutenance elle-même, et que le second, dû à son libraire et
imprimeur habituel[2], ait été destiné au public, et en particulier
à la foire de Leipzig qui se tient tous les ans à Pâques[3]. En
réalité, selon Kant lui-même, le libraire a envoyé partout la
Dissertation, mais «tardivement et en petit nombre d'exemplaires et sans les intégrer au catalogue de la foire»[4]. Le texte
donné par Adickes (AA 2, 385-419) reproduit la page titre A₁
et indique que les deux tirages sont identiques; mais nous
n'avons plus aucun moyen de le vérifier puisque les seuls

---

1. AA 2, 513. On ne peut exclure qu'il n'y ait eu qu'une seule typographie
du texte, dont on n'aurait changé que la page titre.

2. Johann Jakob Kanter (1738-1786) a publié depuis 1762 et *La fausse
subtilité des quatre figures syllogistiques* tous les ouvrages de Kant et même
certains articles dans le journal intellectuel de Konigsberg qu'il faisait paraître,
le *Königsberger Gelehrte und Politische Zeitung* (*cf.* A. Warda, *Die Druckschriften Immanuel Kants bis zum Jahre 1838*, Wiesbaden, Heinrich Staadt,
1919). Il fit connaître et prêta gracieusement de nombreux livres à Kant, lequel
habita même un temps chez lui.

3. Le 2 septembre 1770, Kant dit vouloir améliorer sa *Dissertation* en vue
de la prochaine foire de Leipzig (AA 10, 98), par quoi il faut sans doute
comprendre qu'il veut corriger le tirage A₂ – ce qu'il ne fera finalement pas. Le
tirage A₂ a donc été achevé peu de temps après, si ce n'est exactement en même
temps que le tirage A₁.

4. Lettre de Kant à Marcus Herz du 7 juin 1771, AA 2, 123.

exemplaires qui ont été conservés, ou du moins retrouvés à ce jour, sont ceux de l'édition A_2[1]. L'édition de l'Académie est donc aujourd'hui la seule source pour la dédicace à Frédéric (AA 2, 386), mais le reste du texte comporte un si grand nombre de différences typographiques avec l'édition A_2 encore accessible – et l'édition Weischedel ne reprenant pas dans le corps du texte certaines corrections grammaticales nécessaires[2] – que nous proposons ici une nouvelle édition du texte latin. Nous avons consulté pour cela deux exemplaires de l'édition originale, et précisons ci-après les principes d'édition que nous avons adoptés[3].

Quant à la question, soulevée par l'édition du texte, de savoir si la soutenance a eu lieu le 20 ou le 21 août 1770, il semble ne pas y avoir d'autre témoignage que le poème écrit à la gloire de Kant par l'un des ses étudiants, Jacob Lenz, qui n'est pas encore devenu l'une des plumes du *Sturm und Drang*, et qu'il fit imprimer sous le titre : « Lorsque le très noble Professeur Kant disputa le 21 août 1770 pour devenir Professeur »[4]. Si Kant a pu regretter que sa *Dissertation* ne puisse exprimer toute la vie de sa pensée, l'admiration, l'enthousiasme mais aussi la fierté de son jeune élève manifestent

---

1. Nous remercions Monsieur le Professeur Werner Stark, des Archives Kant de Marbourg, pour avoir attiré notre attention sur ce point.

2. La dernière réédition (1995) chez Vrin de la traduction de P. Mouy redonnait également le texte de Weischedel (A_2). Mouy s'étant appuyé sur l'édition Hartenstein (1867) corrigée d'emprunts à Adickes (A_1), on pouvait donc lire que « Die XX. Aug » (p. 16) était traduit par « le 21 Août » (p. 17).

3. Voir les « Notes sur l'édition du texte latin ». La dédicace à Frédéric est bien entendu reprise de l'édition de l'Académie.

4. Les exemplaires qui nous sont parvenus comporteraient donc tous une faute d'impression concernant la date de soutenance.

l'intensité des cours de son professeur – qui n'est autre que l'intensité de la vie même – comme en témoignent les dernières strophes, que nous traduisons et auxquelles nous donnons le dernier mot :

> Il a déjà porté la lumière a tant d'esprits,
> L'élégance dans la pensée, la force dans la vie,
> Et la sagesse aux élèves, il l'a enseignée
>   Et de tout cœur célébrée.
>
> Il a rempli leur vie d'un air si pur,
> Parce que leur soif de sagesse, qu'il épure,
> Ne s'étanche jamais, ô enfants bénis
>   Qui s'abreuvent toute la vie.
>
> Il a pavé la mort de roses et de jasmin
> En donnant à tous des élans sans fin,
> De ceux qui unissent au Sauveur de la vie
>   Et donnent confiance aussi.
>
> Nous voulons par notre savoir sans cesse le louer,
> Lui, nôtre Maître, et vivre comme il a l'enseigné
> Et l'enseigner aux autres : que nos enfants puissent vouloir
>   Eux aussi vivre du savoir.
>
> Et vous fils de la France ! Raillez donc notre pays
> Et demandez-vous si jamais Génie en est sorti :
> Il est bien clair que tant que KANT vivra,
>   La question ne se pose pas [1].

Arnaud PELLETIER

1. Jacob Michael Reinhold Lenz, *Als Sr. Hochedelgebohrnen der Herr Professor Kant den 21sten August 1770 für die Professor-Würde disputirte*, facsimilé de l'édition originale de 1770, Ch. Weiß (éd.), Hannover-Laatzen, Wehrhahn, 2003.

NOTES SUR L'ÉDITION DU TEXTE LATIN

L'édition originale A₂ de 1770 est défectueuse : en dehors de l'orthographe que l'on peut normaliser (*caussa* écrit avec deux « s », etc.) et des coquilles grammaticales ou typographiques qui ont échappé à la liste des errata de Kant (*datur* pour *detur*; *conceptus sensitivae* pour *sensitivi*; etc.), la ponctuation nécessite aussi d'être corrigée, ce que Kant demande au lecteur bienveillant de faire lui-même (A₂, p. 38).

Erich Adickes corrige de nombreux défauts de l'édition originale dans l'édition de l'Académie (1905) et complète judicieusement le texte lorsqu'un mot semble faire défaut (*ad conceptum intellectualem* pour *ad intellectualem*; ou *spatium et tempus quodlibet* pour *tempus quodlibet*). Malheureusement, le texte comporte d'autres coquilles qui étaient absentes chez Kant (*qua maior* au lieu de *quo maior*; *substrata intellectus* au lieu de *substrata intellectui*). Par ailleurs, le texte est amendé de deux manières : d'une part, la ponctuation est modernisée, et d'autre part le latin de Kant est rendu plus classique en améliorant certaines expressions qui étaient grammaticalement correctes (substituant *multitudo distincte cognita* à *multitudo distincta cognita*, ou *quod nonnisi per* à *quod per*) et en rétablissant une orthographe classique (substituant *condicio* à *conditio*, ou *exsistentia* à *existentia*). Or s'il est vrai que le latin classique écrit *exsistentia* et distingue la *condicio* (la condition) de la *conditio* (la fondation), l'orthographe du latin tardif n'est plus aussi stricte : Leibniz emploie par exemple *existentia* et *conditio*; et lorsque Baumgarten définit la *condicio*, Kant prend des notes en écrivant *conditio*[1]. L'édition d'Adickes demande donc à être revue puisqu'en plus des coquilles, certaines corrections ne sont pas nécessaires à l'établissement du texte.

C'est ce qu'a fait Wilhelm Weischedel en rétablissant le texte d'origine dans l'édition en six volumes des œuvres de Kant (1958), mais avec trop de zèle puisqu'une quinzaine de corrections d'Adickes que l'on peut accepter sans difficulté (par exemple corriger les pluriels *duo puncto* en *duo puncta*, ou *influxus actualis* en *influxus actuales*, etc.) ne sont pas reprises dans le texte principal, mais son indiquées en notes comme des variantes de l'édition de l'Académie. Ce qui est d'autant plus étrange que le traducteur, Norbert Hinske, tient bien évidemment compte de ces corrections. Par ailleurs, il modernise la ponctuation et n'échappe pas à d'inévitables coquilles (*quadantenus*, etc.).

Afin que le lecteur dispose d'une version assurée du texte latin, expurgée de ses fautes typographiques évidentes et qui soit directement lisible sans avoir à se reporter à des notes, il nous a paru plus simple de proposer une nouvelle édition du texte. Nous avons consulté pour cela deux exemplaires de l'édition originale A$_2$, conservés à la bibliothèque universitaire

---

1. Baumgarten, *Metaphysica*, § 14 (AA 17, 27); Kant, *Refl.* 3502 (1775-1779), AA 17, 28.

de Münich et à la bibliothèque Herzog August (Bibliotheca Augusta) de Wolfenbüttel [1]. Le principe que nous avons suivi a été de corriger tout ce qui est grammaticalement incorrect (orthographe et ponctuation), et d'indiquer en notes toutes les corrections apportées, afin que le lecteur sache précisément quels ont été les choix d'édition. L'orthographe et les tournures n'ont donc pas été modifiées lorsque cela n'était pas nécessaire, et nous avons par ailleurs respecté l'usage kantien assez prolixe des majuscules, des italiques et de la ponctuation. Les seules corrections qui ne figurent pas en notes sont les suivantes :

– L'emploi de *u* et *v* a été normalisé selon l'usage (et nous corrigeons par exemple *vna distinctiua* par *una distinctiva*).

– Au § 26, Kant écrit « objet » avec une majuscule dans la première formule générale des axiomes subreptices, mais ne le fait pas dans les deuxième et troisième formules : nous enlevons donc les premières majuscules.

– Les signes de ponctuation placés avant une parenthèse ouvrante ou fermante ont été déplacés après celle-ci ou, le cas échéant, supprimés. De même pour les virgules à l'intérieur d'un syntagme grammaticalement insécable (par exemple, après *tanquam*).

Par contre, nous avons choisi de respecter toute ponctuation qui n'était pas grammaticalement incohérente, même s'il peut paraître étrange de trouver des deux points (« : ») successifs dans une même phrase. C'est que l'on prendra garde que les deux points chez Kant seraient aujourd'hui parfois

---

1. Le premier est consultable sous forme de microfiches éditées par Saur (*Bibliothek der deutschen Literatur*, München, 1990-1994, « Hauptwerke 4779-4780 ») ; le second à la Herzog August Bibliothek sous la cote « Li 4276 ».

remplacés par des virgules, et que le point-virgule a souvent la fonction de nos deux points. Notre traduction rétablit évidemment l'usage moderne de la ponctuation.

Le texte latin qui figure en regard de la traduction française est le texte corrigé. Nous redonnons en marge la pagination de l'édition originale (A_2) et de l'édition de l'Académie (AA 2). Les notes qui suivent précisent, précédé des abréviations A_2, Ad, W, le texte tel qu'il figurait respectivement dans l'édition originale A_2, dans l'édition de l'Académie, dans l'édition Weischedel. Nous avons tenu compte des errata de Kant (A_2, p. 38) sans les mentionner de nouveau ici. Enfin, en vue de réduire le nombre de notes, les corrections relevant d'un même genre – par exemple l'orthographe d'un même mot, de ses dérivés et de toutes leurs formes déclinées : *causa*, *causis*, *causatum*, etc. – renvoient à une seule et même note.

Notes

a. A_2 : *representare*.

b. A_2 : *sumta*, etc. (orthographié sans « p »).

c. A_2 : *caussam*, etc. (orthographié avec deux « s »).

d. Ad : *qua maior*.

e. A_2 : *depromto*, etc. (orthographié sans « p »).

f. A_2 : *acqiescat*.

g. A_2 : *homonima*.

h. A_2 : *heteronima*.

i. A_2, W : *actualis*. *Influxus actuales* est bien suivi par le pluriel *pertinent*.

j. A_2 : *quum*.

k. A_2 : *exemta*, etc. (orthographié sans « p »).

l. A_2, W : *sensitivae*. *Sensitivi* se rapporte au pluriel *conceptus*, comme plus haut *empirici*. Dans les errata de la *Dissertation* (A_2, p. 38), Kant corrige dans la phrase précédente *empiricae conceptus* pour *empirici*, mais oublie de le faire ici pour *sensitivae*.

m. A_2 : *Wolfius*; *Mallebranchius*.

n. A_2, W : *quadantenus*.

o. A_2, W : *non datur*. La construction de la phrase fait suivre les deux pré-requis (*cum veritas*; *conceptus autem*) d'une conséquence (*patet*). Nous considérons donc que la conjonction de subordination *cum* s'applique aux deux pré-requis (ce que nous traduisons : « puisque... et puisque..., alors ») et qu'elle dirige donc deux verbes au subjonctif : *consistat* et *detur*.

p. A_2, W : *iunctas*. *Iunctos* se rapporte à *duos annos*.

q. A_2 : E, etc.

r. A_2, W : *duo puncto*.

s. A_2 : *opositam*.

t. A_2 : *extenus*.

u. A_2, W : *abstractum*. *Abstracta* se rapporte bien à *ipsa notio haec*.

v. Ad : *quod nonnisi per*. Contrairement aux autres ajouts d'Adickes que nous suivons, celui-ci ne nous semble pas nécessaire pour la compréhension de la phrase.

w. A_2 : *corrolarium*.

x. A_2 : *tempus quodlibet*. La construction de la phrase nous invite à suivre Adickes et à compléter *spatium et tempus quodlibet*.

y. Ad : *substrata intellectus*. Il s'agit de substrats *pour* l'entendement, et non de l'entendement.

z. Ad : *addendo, distincte cognita*. Cette correction d'Adickes n'est pas nécessaire.

α. A₂, W : *quemlibet*.

β. A₂, W : *declarantis*. *Declaranti* est un datif apposé au datif *philosophiae pigrorum*.

γ. A₂ : *comercii*, etc. (orthographié avec un « m »).

δ. A₂, W : *illas cum aliis*. Il est deux manières de rétablir le texte puisque la construction *intercedere* + accusatif (*illas*) ne convient pas. Soit l'on supplée au défaut de conjonction (*intercedere inter illas cum aliis*), soit l'on fait suivre *intercedere* du datif (*illis*).

ε. A₂ : v. v.

ζ. A₂ : *occasionalissmus*.

η. Ad : *obiecto ipsi*.

θ. A₂ : *enuncianda* ; W : *enuntianda*.

ι. A₂, W : *concipitur*. La conjonction *cum* appelle en effet un subjonctif (*concipiatur*) et non un indicatif (*concipitur*).

κ. A₂ : *subsumtio*.

λ. A₂ : *ad intellectualem*. Nous suivons Adickes qui complète par *ad conceptum intellectualem*.

μ. A₂, W : *fit*.

ξ. Ad : *dinoscere*.

π. A₂ : enuncietur.

EMMANUEL KANT

DISSERTATION DE 1770

DE MUNDI SENSIBILIS ATQUE INTELLIGIBILIS FORMA ET PRINCIPIIS

DISSERTATIO PRO LOCO
PROFESSIONIS LOG. ET METAPH. ORDINARIAE
RITE SIBI VINDICANDO, QUAM,
EXIGENTIBUS STATUTIS ACADEMICIS, PUBLICE TUEBITUR

IMMANUEL KANT.

RESPONDENTIS MUNERE FUNGETUR
MARCUS HERTZ, BEROLINENSIS, GENTE IUDAEUS,
MEDICINAE ET PHILOSOPHIAE CULTOR

CONTRA OPPONENTES
GEORGIUM WILHELMUM SCHREIBER, REG. BOR. ART. STUD.
IOHANNEM AUGUSTUM STEIN, REG. BOR. I.U.C.
ET GEORGIUM DANIELEM SCHROETER, ELBING. S.S. THEOL. C.

IN AUDITORIO MAXIMO
HORIS MATUTINIS ET POMERIDIANIS CONSUETIS
DIE XX. AUG. A. MDCCLXX.

REGIOMONTI,
IMPENSIS IO. IAC. KANTERI.

SUR LA FORME ET LES PRINCIPES
DU MONDE SENSIBLE
ET DU MONDE INTELLIGIBLE

Dissertation en vue de l'obtention selon les règles
du titre de professeur ordinaire de logique
et métaphysique, que défendra publiquement
selon les statuts requis de l'université

Emmanuel Kant.

La fonction de répondant sera exercée par
Marcus Hertz,
de Berlin, de nationalité juive,
étudiant en médecine et en philosophie,

contre les adversaires
Georg Wilhelm Schreiber, de Königsberg en Prusse,
étudiant ès-arts,
Johann August Stein, de Königsberg en Prusse,
candidat en droit civil et canonique,
et Georg Daniel Schröter, d'Elbing,
candidat en théologie sacrée,

dans le grand amphithéâtre
aux heures habituelles du matin et de l'après-midi
le 20 août 1770.

Königsberg,
imprimé par Johann Jakob Kanter [1].

|| Sᴇᴄᴛɪᴏ ɪ

De Notione Mundi generatim

§ 1

In composito substantiali, quemadmodum Analysis non terminatur, nisi parte quae non est totum, h.e. Simplici; ita Synthesis non nisi toto quod non est pars, i.e. Mundo.

In hac conceptus substrati expositione, praeter notas, quae pertinent ad distinctam cognitionem obiecti, etiam ad *duplicem* illius e mentis natura *genesin* aliquantulum respexi, quae, quoniam, exempli instar, methodo in metaphysicis penitius perspiciendae inservire potest, mihi haud parum commendabilis esse videtur. Aliud enim est; datis partibus *compositionem* totius sibi concipere, per notionem abstractam intellectus, aliud hanc *notionem* generalem, tanquam Rationis quoddam problema, *exsequi* per facultatem cognoscendi sensitivam, h.e. in concreto eandem sibi repraesentare ᵃ intuitu distincto. Prius fit per conceptum *compositionis* in genere, quatenus plura sub eo (respective erga se invicem) continentur; adeoque per ideas intellectus et universales, posterius

Sur la notion de monde en général

§ 1

Dans un composé substantiel, de même que l'analyse ne s'arrête qu'avec une partie qui n'est plus un tout, c'est-à-dire avec ce qui est SIMPLE, de même la synthèse ne s'arrête qu'avec un tout qui n'est plus une partie, c'est-à-dire avec un MONDE[3].

Dans l'exposition du concept proposé, je me suis quelque peu intéressé, en plus des caractères qui appartiennent à la connaissance distincte de l'objet, à sa *double formation*[4] telle qu'elle résulte de la nature de l'esprit, parce qu'elle peut nous servir d'exemple de la méthode à suivre pour une recherche plus approfondie en métaphysique, ce qui ne me paraît pas négligeable. En effet, concevoir la *composition* d'un tout à l'aide d'une notion abstraite de l'entendement une fois que des parties sont données est une chose, mais considérer cette *notion* générale comme un problème de la raison et la *produire* au moyen de la faculté sensible de connaître, c'est-à-dire se représenter la notion concrètement par une intuition distincte, en est une autre. On parvient à la première par le concept de *composition* en général dans la mesure où il comprend sous lui plusieurs choses (se rapportant les une aux autres), et donc par des idées universelles de l'entendement; mais la seconde

nititur *conditionibus* temporis, quatenus partem parti successive adiungendo, conceptus compositi est genetice i.e. per
A₂ 2 | SYNTHESIN possibilis et pertinet ad leges *intuitus*. Pari modo,
dato composito substantiali facile pervenitur ad ideam simplicium, notionem intellectualem *compositionis* generaliter
tollendo; quae enim, remota omni coniunctione, remanent,
sunt *simplicia*. Secundum leges vero cognitionis intuitivae id
non fit, i.e. compositio omnis non tollitur, nisi a toto dato *ad*
AA 2 388 *partes quascunque possibiles* regrediendo, h.e. per | Analysin *,
quae iterum nititur conditione temporis. Cum autem ad
compositum requiratur partium *multitudo*, ad totum *omnitudo*;
nec Analysis, nec Synthesis erunt completae, adeoque nec per
priorem, conceptus *simplicis*, nec, per posteriorem, conceptus
totius emerget; nisi utraque tempore finito et assignabili
absolvi possit.

Quoniam vero in *quanto continuo regressus* a toto ad partes
dabiles, in *Infinito* autem *progressus* a partibus ad totum datum
carent termino, ideoque ab una parte Analysis, ab altera Syn-

---

* Vocibus Analysis et Synthesis duplex significatus communiter tribuitur.
Nempe Synthesis est vel *qualitativa*, progressus in serie *subordinatorum* a
ratione ad rationatum, vel *quantitativa*, progressus in serie *coordinatorum*
a parte data per illius complementa ad totum. Pari modo Analysis, priori sensu
sumpta [b], est regressus *a rationato ad rationem*, posteriori autem significatu,
regressus *a toto ad partes* ipsius *possibiles* s. mediatas, h.e. partium partes;
adeoque non est divisio sed *subdivisio* compositi dati. Tam Synthesin quam
Analysin posteriori tantum significatu hic sumimus.

repose sur des *conditions* temporelles dans la mesure où le concept de composé est rendu possible de manière génétique par l'addition successive des parties, c'est-à-dire par synthèse, et relève ainsi des lois de l'*intuition*. De même, en partant d'un composé substantiel donné, on arrive aisément à l'idée d'éléments simples en supprimant complètement la notion intellectuelle de *composition* : en effet, seuls restent les *éléments simples* une fois enlevée toute conjonction. Mais selon les lois de la connaissance intuitive, cela n'arrive, c'est-à-dire que toute composition n'est supprimée, qu'en remontant d'un tout donné à *toutes ses parties possibles*, c'est-à-dire par analyse *, laquelle repose elle-même sur la condition du temps. Mais du fait qu'un composé requiert une *multitude* de parties, et qu'un tout requiert l'*intégralité* des parties, ni l'analyse ni la synthèse ne seront complètes – et l'on ne parviendra par conséquent ni au concept de *simple* par la première, ni au concept de *tout* par la seconde – que si l'on peut achever l'une et l'autre en un temps fini et assignable.

Mais puisque la *régression* du tout à des parties déterminables[5] *dans une grandeur continue* et la *progression* des parties vers un tout donné *dans une grandeur infinie n'ont pas de fin*, et qu'ainsi l'analyse complète d'une part et la synthèse

---

* Les mots analyse et synthèse ont communément deux significations. En effet, soit la synthèse est *qualitative*, et elle passe alors du principe à la conséquence dans la série des subordonnés, soit la synthèse est *quantitative*, et elle passe alors d'une partie donnée au tout en ajoutant ses compléments dans la série des coordonnés. De même, l'analyse est en un premier sens une régression de la conséquence au principe, et en un second sens une régression du tout à ses parties possibles, ou médiates, autrement dit aux parties des parties, et ce n'est donc pas une division mais une *subdivision* d'un composé donné. Nous prenons ici l'analyse et la synthèse uniquement en leur second sens.

thesis completae sint impossibiles, nec totum, in priori casu, secundum leges Intuitus quoad *compositionem*, nec in posteriori, *compositum*, quoad *totalitatem* complete cogitari possunt. Hinc patet; qui fiat, ut, *cum irrepraesentabile* et *impossibile* vulgo eiusdem significatus habeantur, conceptus tam *Continui* quam *Infiniti* a plurimis reiiciantur, quippe quorum, *secundum leges cognitionis intuitivae*, repraesentatio plane est impossibilis. Quanquam autem harum e non paucis scholis explosarum notionum, praesertim prioris, causam[c] hic non gero*, maximi tamen momenti | erit monuisse : | gravissimo illos errore labi, qui tam perversa argumentandi

A₂ 3

AA 2 389

---

*Qui infinitum mathematicum actuale reiiciunt, non admodum gravi labore funguntur. Confingunt nempe talem infiniti definitionem, ex qua contradictionem aliquam exsculpere possint. *Infinitum* ipsis dicitur : *Quantum, quo maius est impossibile*, et Mathematicum : est multitudo (unitatis dabilis), quo maior[d] est impossibilis. Quia autem hic pro *Infinito* ponunt *Maximum*, maxima autem multitudo est impossibilis, facile concludunt contra infinitum a semet ipsis confictum. Aut multitudinem infinitam vocant *numerum infinitum*, et hunc absonum esse docent, quod utique est in propatulo, sed quo non pugnatur nisi cum umbris ingenii. Si vero infinitum mathematicum conceperint : ceu quantum, quod relatum ad mensuram tanquam unitatem est *multitudo omni numero maior*, si porro notassent : *mensurabilitatem* hic tantum denotare relationem ad modulum intellectus humani, per quem, non nisi successive addendo unum uni, *ad conceptum multitudinis definitum* et, absolvendo hunc progressum tempore finito, ad *completum*, qui vocatur *Numerus*, pertingere licet; luculenter perspexissent : quae non congruunt cum certa lege cuiusdam subiecti, non ideo omnem intellectionem excedere; cum, qui absque successiva applicatione mensurae, multitudinem uno obtutu distincte cernat, dari possit intellectus, quanquam utique non humanus.

complète de l'autre sont impossibles, alors on ne peut penser complètement selon les lois de l'intuition ni le tout dans sa *composition* (dans le premier cas), ni le composé dans sa *totalité* (dans le second cas). Et comme on tient ordinairement que *irreprésentable* et *impossible* ont le même sens, on comprend pourquoi tant le concept de *continu* que celui d'*infini* sont fréquemment rejetés puisque leur représentation est tout simplement impossible *selon les lois de la connaissance intuitive*[6]. Or sans plaider ici la cause de ces notions qui ont été condamnées, surtout la première, par de nombreuses écoles*[7], il est cependant de la plus grande importance de souligner que ceux qui usent d'une manière d'argumenter

---

* Ceux qui rejettent l'infini mathématique actuel ne se compliquent pas la tâche. Ils se forgent en effet une telle définition de l'infini qu'ils puissent ensuite en tirer une contradiction. Pour eux, *l'infini est cette grandeur telle qu'une grandeur plus grande est impossible*, et l'infini mathématique est cette multitude (dont l'unité peut être donnée) telle qu'une multitude plus grande est impossible. Or comme ils substituent ainsi *le plus grand* à l'*infini* et qu'une multitude la plus grande est impossible, ils concluent facilement contre cet infini qu'ils ont eux-mêmes inventé. Ou encore, ils appellent la multitude infinie un *nombre infini*, et affirment qu'un tel nombre est absurde, ce qui est absolument évident, mais ils ne font que de se battre contre les ombres de leur propre imagination. Par contre, s'ils avaient conçu l'infini mathématique comme une grandeur qui, si on la rapporte à une mesure comme à une unité, est *une multitude plus grande que tout nombre* ; s'ils avaient en outre remarqué que la *commensurabilité* ne dénote ici qu'une relation à la mesure adoptée par l'entendement humain et par laquelle seule il peut parvenir au *concept défini de multitude* par addition successive de l'unité à l'unité, ainsi qu'au concept *complet*, que l'on appelle un *nombre*, en effectuant cette progression en un temps fini ; alors ils auraient très clairement aperçu que ce qui ne s'accorde pas avec une loi déterminée d'un certain sujet n'en excède pas pour autant toute intellection, car il pourrait bien y avoir un entendement, bien que ce ne soit certainement pas l'entendement humain, qui puisse distinctement saisir une multiplicité d'un seul regard sans l'application successive d'une mesure.

ratione utuntur. Quicquid enim *repugnat* legibus intellectus et rationis utique est impossibile, quod autem, cum rationis purae sit obiectum legibus cognitionis intuitivae tantummodo *non subest*, non item. Nam hic dissensus inter facultatem *sensitivam* et *intellectualem* (quarum indolem mox exponam) nihil indigitat, nisi, *quas mens ab intellectu acceptas fert ideas abstractas, illas in concreto exsequi, et in Intuitus commutare saepenumero non posse.* Haec autem reluctantia *subiectiva* mentitur ut plurimum repugnantiam aliquam *obiectivam*, et incautos facile fallit, limitibus, quibus mens humana circumscribitur, pro iis habitis quibus ipsa rerum essentia continetur.

Ceterum compositis substantialibus, sensuum testimonio, aut utcunque aliter, datis, dari tam Simplicia quam Mundum, cum facile patescat, argumento ab intellectus rationibus deprompto[e]; in definitione nostra causas[c] etiam in subiecti indole contentas digito monstravi, ne notio mundi videatur mere arbitraria et, ut fit in Mathematicis, ad deducenda tantum inde consectaria conficta. Nam mens, in conceptum compositi, A2 4 tam resolvendo | quam componendo, intenta, in quibus, tam a priori quam a posteriori parte acquiescat[f], terminos, sibi exposcit et praesumit.

§ 2

Momenta, in Mundi definitione attendenda, haec sunt :

aussi aberrante tombent dans une très grave erreur. En effet, tout ce qui *contredit* les lois de l'entendement et de la raison est absolument impossible, mais ce n'est pas le cas de ce qui, étant objet de la raison pure, n'est simplement *pas soumis* aux lois de la connaissance intuitive. Car ce désaccord entre la faculté *sensible* et la faculté *intellectuelle* (dont j'exposerai ensuite la teneur) indique seulement *que l'esprit contient des idées abstraites reçues de l'entendement qui souvent ne peuvent être produites concrètement*[8] *et transformées en intuitions.* Mais cette opposition *subjective* prend la plupart du temps l'apparence de quelque contradiction *objective* et trompe facilement ceux qui ne font pas attention et qui prennent les limites qui bornent l'esprit humain pour celles qui déterminent l'essence même des choses[9].

Par ailleurs, si des composés substantiels sont donnés soit par le témoignage des sens soit de toute autre manière, alors des éléments simples et un monde sont aussi donnés, ce que l'on montre facilement par un argument tiré des raisons de l'entendement : j'ai aussi indiqué dans notre définition les causes qui relèvent de la nature du sujet afin que la notion de monde ne paraisse pas purement arbitraire ou, comme en mathématique, une simple fiction forgée exprès en vue des conséquences que l'on veut tirer[10]. Car lorsque l'esprit s'applique au concept de composé, que ce soit pour en faire l'analyse ou la synthèse, il requiert et présuppose des limites auxquelles il s'arrête tant du côté *a priori* que du côté *a posteriori*[11].

§ 2

Dans la définition du monde, il faut faire attention aux points suivants :

I. Materia (in sensu transscendentali) h.e. partes, quae hic sumuntur esse *substantiae*. Poteramus consensus nostrae definitionis cum significatu vocis communi plane esse incurii, cum non sit, nisi veluti quaestio quaedam problematis, secundum leges rationis oborti; quipote plures substantiae possint coalescere in unum, et quibus conditionibus nitatur, ut hoc unum non sit pars alterius. Verum vis vocis Mundi, quatenus usu vulgari celebratur, ultro nobis occurrit. Nemo enim *Accidentia*, tanquam *partes*, accenset *Mundo*, sed, tanquam *determinationes*, *statui*. Hinc Mundus sic dictus *Egoisticus*, qui absolvitur unica substantia simplici, cum suis accidentibus, parum apposite vocatur Mundus, nisi forte imaginarius. Eandem ob causam[c] ad totum mundanum non licet seriem successivorum (nempe statuum) tanquam partem referre; modificationes enim *non* sunt *partes* subiecti, sed *rationata*. Tandem naturam substantiarum, quae mundum AA 2 390 constituunt, utrum sint *contingentes* an necessariae, | in censum hic non vocavi, nec talem determinationem gratis in definitione recondo, postmodum, ut fit, eandem speciosa quadam argutandi ratione indidem depromturus[e], sed contingentiam e conditionibus hic positis abunde concludi posse postea docebo.

II. Forma, quae consistit in substantiarum *coordinatione*, non subordinatione. *Coordinata* enim se invicem respiciunt ut complementa ad totum, *subordinata* ut causatum et causa[c], s. generatim ut principium et principiatum. Prior relatio

I. La MATIÈRE (au sens transcendantal)[12], c'est-à-dire les parties dont on admet ici qu'elles sont des *substances*. Nous pourrions tout à fait ne pas nous occuper de l'accord de cette définition avec le sens courant du mot, puisqu'il ne s'agit que d'un problème issu des lois de la raison, à savoir : comment plusieurs substances peuvent former une unité, et à quelles conditions celle-ci n'est pas elle-même la partie d'une autre. Mais le sens du mot monde, dans son usage ordinaire, rejoint de lui-même notre définition. Car personne ne considère les *accidents* comme des *parties du monde* mais plutôt comme des *déterminations de son état*[13]. C'est pourquoi le monde soi-disant *égoïstique* qui se réduit à une unique substance simple et à ses accidents est assez improprement appelé un monde, à moins qu'il ne s'agisse d'un monde imaginaire[14]. Pour la même raison, on ne doit pas considérer la série des choses successives (à savoir la série des états) comme une partie du monde pris comme un tout, car des changements ne sont pas les *parties* d'un sujet, mais en sont les *conséquences*. Enfin je n'ai pas soulevé ici la question de la nature des substances qui constituent le monde, à savoir, si elles sont contingentes ou nécessaires, et je n'introduis pas arbitrairement cette détermination dans la définition pour la tirer ensuite de cette même définition, comme c'est souvent le cas des argumentations spécieuses ; mais je montrerai plus loin que la contingence peut être très largement conclue des conditions qui ont été posées ici[15].

II. La FORME qui consiste dans la *coordination* des substances, et non dans leur subordination. En effet les *coordonnés* se rapportent les uns aux autres comme des compléments dans un tout[16], alors que les *subordonnés* sont les uns aux autres comme des causes à leur effet, ou de manière générale comme un principe à sa conséquence[17]. La première rela-

est reciproca et *homonyma*[g], ita, ut quodlibet correlatum alterum respiciat ut determinans, simulque ut determinatum, posterior est *heteronyma*[h], nempe ab una parte nonnisi dependentiae, ab altera causalitatis. Coordinatio haec concipitur ut

A₂ 5 *realis* et obiectiva, non ut idealis | et subiecti mero arbitrio fulta, per quod multitudinem quamlibet pro lubitu summando, effingas totum. Plura enim complectendo nullo negotio efficis *totum repraesentationis*, non ideo autem repraesentationem *totius*. Ideo, si forte sint quaedam substantiarum tota, nullo sibi nexu devincta, complexus illorum, per quem mens multitudinem cogit in unum ideale, nihil amplius loqueretur, nisi pluralitatem mundorum una cogitatione comprehensorum. Nexus autem, formam mundi *essentialem* constituens, spectatur ut principium *influxuum possibilium* substantiarum mundum constituentium. Actuales[i] enim influxus non pertinent ad essentiam, sed ad statum, et vires ipsae transeuntes, influxuum causae[c], supponunt principium aliquod, per quod possibile sit, ut status plurium, quorum subsistentia ceteroquin est a se invicem independens, se mutuo respiciant ut rationata; a quo principio si discesseris, vim transeuntem in Mundo ut possibilem sumere non licet. Et haec quidem *forma* mundo *essentialis* propterea est *immutabilis*, neque ulli vicissitudini obnoxia; idque primo ob *rationem logicam*; quia mutatio quaelibet supponit identitatem subiecti, succedentibus sibi invicem determinationibus. Hinc mundus, per omnes status sibi successivos idem manens Mundus, eandem tuetur formam fundamentalem. Nam ad identitatem totius non sufficit identitatis *partium*, sed requiritur *compositionis*

tion est réciproque et *homonyme*, de sorte que chaque terme corrélé est pour tout autre à la fois déterminant et déterminé. La seconde relation est *hétéronyme* puisque, dans un sens, c'est une relation de simple dépendance, et dans l'autre c'est une relation de causalité. La coordination est ici conçue comme *réelle* et objective et non comme idéale et dépendant du pur arbitraire du sujet, lequel forme un tout à sa guise en additionnant n'importe quelle multitude. Car l'on forme sans peine un *tout de représentation* en embrassant plusieurs choses à la fois, mais cela n'en fait pas pour autant la *représentation d'un tout*. Ainsi, si des touts étaient formés de substances sans aucune liaison entre elles, alors leur réunion, que l'esprit formerait en ramenant leur multitude à une unité, ne signifierait rien d'autre qu'une pluralité de mondes maintenus ensemble par un même acte de pensée. Car la liaison qui constitue la *forme essentielle* du monde est considérée comme le principe des *influences possibles* des substances qui constituent le monde[18]. Car les influences actuelles n'appartiennent pas à l'essence mais à l'état du monde; et les forces communicables elles-mêmes[19], causes de ces influences, nécessitent un principe rendant possible que les états de plusieurs substances, qui autrement subsistent indépendamment les uns des autres, soient déterminés les uns par les autres. Si l'on s'éloigne de ce principe, on ne peut plus admettre comme possible une force communicable dans le monde. Cette *forme essentielle* au monde est par suite *immuable* et n'est sujette à aucun changement, et tout d'abord pour une *raison logique*, puisque tout changement suppose l'identité du sujet dans la succession même des déterminations. Ainsi le monde, restant le même à travers tous ses états successifs, conserve la même forme fondamentale. C'est que l'identité des *parties* ne suffit pas à garantir l'identité du tout : celle-ci requiert en outre l'identité d'une *composition*

characteristicae identitatis. Potissimum autem idem e *ratione reali* sequitur. Nam natura Mundi, quae est principium primum internum determinationum variabilium quorumlibet ad statum ipsius pertinentium, quoniam ipsa sibi non potest esse opposita, naturaliter, h.e. a se ipsa, est immutabilis; adeoque datur in mundo quolibet forma quaedam naturae AA 2 391 ipsius accensenda, constans, invariabilis, ceu | principium perenne formae cuiuslibet contingentis et transitoriae, quae pertinet ad mundi statum. Qui hanc disquisitionem insuper habent, frustrantur conceptibus *spatii* ac *temporis*, quasi conditionibus per se iam datis atque primitivis, quarum ope, A₂ 6 scilicet, absque ullo alio principio, non solum possibile | sit, sed et necessarium, ut plura actualia se mutuo respiciant uti compartes et constituant totum. Verum mox docebo; has notiones plane non esse *rationales* atque ullius nexus *ideas* obiectivas, sed *Phaenomena*, et testari quidem principium aliquod nexus universalis commune, non autem exponere.

III. Universitas, quae est omnitudo compartium *absoluta*. Nam respectu ad compositum aliquod datum habito, quanquam illud adhuc sit pars alterius, tamen semper obtinet omnitudo quaedam comparativa, nempe partium ad illud quantum pertinentium. Hic autem, quaecunque se invicem ut compartes ad totum *quodcunque* respiciunt, coniunctim posita intelliguntur. *Totalitas* haec absoluta, quanquam conceptus quotidiani et facile obvii speciem prae se ferat, praesertim cum

caractéristique. Mais d'autre part, cela provient surtout d'une *raison réelle*. En effet, puisque la nature du monde, qui est le premier principe interne de n'importe laquelle des déterminations variables qui constituent son état, ne peut s'opposer à elle-même, elle est naturellement, c'est-à-dire en elle-même, immuable. Il y ainsi dans n'importe quel monde une certaine forme constante et invariable qui est associée à sa nature, c'est-à-dire un principe permanent de toute forme contingente et passagère qui appartient à son état. Ceux qui considèrent que cette recherche est superflue se trompent sur les concepts d'*espace* et de *temps*[20] : ils les prennent pour des conditions primitives et déjà données en elles-mêmes par lesquelles, c'est-à-dire en dehors de tout autre principe, il serait non seulement possible, mais même nécessaire, que plusieurs choses actuelles soient les unes pour les autres comme des parties complémentaires formant un tout. Je montrerai au contraire plus loin que ces notions ne sont absolument pas *rationnelles* et qu'elles ne sont pas les *idées* objectives de quelque liaison, mais qu'elles sont des *phénomènes*[21] qui prouvent, sans pour autant l'expliciter, qu'il y a bien un certain principe commun de liaison universelle.

III. L'UNIVERSALITÉ, qui est l'intégralité *absolue* des parties complémentaires[22]. En effet, si l'on considère un composé *donné* quelconque, même s'il est lui-même à son tour la partie d'un autre composé, il y a cependant toujours une certaine intégralité *comparative*, à savoir celle des parties qui forment précisément cette grandeur. Mais ici, quelles que soient les parties complémentaires d'un tout *quelconque*, elles sont comprises comme étant posées conjointement. Cette *totalité* absolue, bien qu'elle ait l'aspect d'un concept banal et facilement compréhensible, surtout si on l'énonce de manière

negative enuntiatur, sicuti, fit in definitione, tamen penitius perpensa crucem figere philosopho videtur. Nam statuum universi in *aeternum* sibi succedentium *nunquam absolvenda series*, quomodo redigi possit in *Totum*, omnes omnino vicissitudines comprehendens, aegre concipi potest. Quippe per infinitudinem ipsam necesse est, ut careat *termino*, ideoque non datur succedentium series, nisi quae est pars alterius, ita, ut eandem ob causam[c] completudo omnimoda, s. *totalitas absoluta* hinc plane exulare videatur. Quanquam enim notio partis universaliter sumi possit, et, quaecunque sub hac notione continentur, si posita spectentur in eadem serie, constituant unum; tamen omnia illa *simul sumenda* esse per conceptum *Totius* exigi videtur; quod in casu dato est impossibile. Nam quoniam toti seriei nihil succedit; posita autem successivorum serie non datur cui nihil succedat, nisi ultimum : erit in aeternitate ultimum, quod est absonum. Quae infiniti successivi totalitatem premit difficultas, ab *infinito simultaneo* abesse forsitan quisquam putaverit, propterea, quod *simultaneitas* complexum *omnium eodem tempore* diserte profiteri videatur. Verum si Infinitum simultaneum admittatur, concedenda etiam est totalitas Infiniti successivi, posteriori | autem negata, tollitur et prius. Nam infinitum simultaneum inexhaustam aeternitati materiam praebet, ad successive progrediendum per innumeras eius partes in infinitum, quae tamen series omnibus numeris absoluta | actu daretur in Infinito simultaneo, ideoque quae successive addendo nunquam est absolvenda series tamen *tota* esset

A2 7

AA 2 392

négative comme c'est le cas dans notre définition[23], est en
réalité une croix pour le philosophe si l'on y regarde de plus
près. En effet, on peut difficilement concevoir comment la
série à jamais inachevable des états de l'univers, lesquels se
succèdent *éternellement*, peut être ramenée à un *tout* compre-
nant absolument tous ces changements. Il est évidemment
nécessaire que cette série n'ait pas de *limite* en raison de son
infinité même. Il n'y a donc pas de série d'états successifs qui
ne soit pas la partie d'une autre série, de sorte que, pour la
même raison, une parfaite complétude ou *totalité absolue*
semble en être tout à fait exclue. Car bien que l'on puisse
prendre la notion de partie universellement, et bien que toutes
les choses contenues sous cette notion puissent constituer une
unité en elle-même si on considère qu'elles sont posées dans
une même série, le concept de *tout* semble cependant requérir
que toutes ces choses *soient prises simultanément*, ce qui est
impossible dans le cas présent. En effet puisque rien ne
succède à la série du tout, et puisque dans une série de successifs tout terme a un successeur en dehors du dernier terme, il
y aurait alors un dernier terme pour l'éternité – ce qui est
absurde. On pourrait peut-être penser qu'un *infini simultané*
échappe à la difficulté contenue dans l'idée de totalité d'un
infini successif, du fait que la *simultanéité* semble précisément
énoncer la relation *de toutes choses au même moment*. Mais si
l'on admet un infini simultané, il faut aussi admettre la totalité
de l'infini successif, car si on nie celle-ci, on récuse aussi celui-
là. Car un infini simultané présente une matière éternellement
inépuisable[24] que l'on peut parcourir infiniment en passant de
l'une à l'autre de ses innombrables parties ; or cette série, si elle
était complétée par tous ses nombres, serait donnée en acte
dans un infini simultané, et par conséquent elle pourrait être
donnée comme un *tout*, alors qu'il est impossible de l'achever

dabilis. Ex hac spinosa quaestione semet extricaturus, notet: tam successivam, quam simultaneam plurium coordinationem (quia nituntur conceptibus temporis) non pertinere ad conceptum *intellectualem* totius, sed tantum ad conditiones *intuitus sensitivi*; ideoque, etiam si non sint sensitive conceptibiles, tamen ideo non cessare esse intellectuales. Ad hunc autem conceptum sufficit: dari quomodocunque coordinata et omnia cogitari tanquam pertinentia ad Unum.

SECTIO II

De sensibilium atque intelligibilium discrimine generatim

§ 3

Sensualitas est *receptivitas* subiecti, per quam possibile est, ut status ipsius repraesentativus obiecti alicuius praesentia certo modo afficiatur. *Intelligentia* (rationalitas) est *facultas* subiecti, per quam, quae in sensus ipsius per qualitatem suam, incurrere non possunt, repraesentare valet. Obiectum sensualitatis est sensibile; quod autem nihil continet, nisi per intelligentiam cognoscendum, est intelligibile. Prius scholis veterum *Phaenomenon* posterius *Noumenon* audiebat. Cognitio, quatenus subiecta est legibus sensualitatis, est *sensitiva*, intelligentiae, est *intellectualis* s. rationalis.

par addition successive. Pour sortir de cette épineuse question, remarquons ceci : ni la coordination successive de plusieurs choses ni leur coordination simultanée (du fait que toutes deux reposent sur des concepts du temps) n'appartiennent à un concept *intellectuel* du tout, mais seulement aux conditions de *l'intuition sensible*; et par conséquent, même si ces coordinations n'étaient pas concevables de manière sensible, elles ne cesseraient pas pour autant d'être concevables de manière intellectuelle[25]. Il suffit pour former ce concept que les coordonnés soient donnés d'une manière ou d'une autre et qu'ils soient tous pensés comme appartenant à une unité[26].

SECTION II

Sur la distinction entre les choses sensibles et les choses intelligibles en général

§ 3

La *sensibilité* est la *réceptivité* du sujet par laquelle son propre état représentatif[27] peut être affecté d'une certaine manière par la présence de quelque objet. L'*intelligence* (la rationalité) est la *faculté* du sujet par laquelle il peut représenter ce qui, en raison de sa nature même, ne peut tomber sous les sens. L'objet de la sensibilité est le sensible ; mais ce qui ne contient que ce qui doit être connu par l'intelligence est l'intelligible[28]. Dans les écoles des Anciens, on appelait le premier *phénomène* et le second *noumène*. La connaissance est *sensible* en tant qu'elle est soumise aux lois de la sensibilité ; et elle est *intellectuelle* ou rationnelle[29] en tant qu'elle est soumise aux lois de l'intelligence[30].

§4

Cum[j] itaque, quodcunque in cognitione est sensitivi, pendeat a speciali indole subiecti, quatenus a praesentia obiectorum huius vel alius modificationis capax est, quae, pro varietate subiectorum, in diversis potest esse diversa; quaecunque autem cognitio a tali conditione subiectiva exempta[k] A₂ 8 est, non nisi obiectum respiciat, patet : | sensitive cogitata esse rerum repraesentationes *uti apparent*, intellectualia autem *sicuti sunt*. Repraesentationi autem sensus primo inest quiddam, quod diceres *Materiam*, nempe *Sensatio*, praeterea autem aliquid, quod vocari potest *forma*, nempe sensibilium *species* quae prodit, quatenus varia, quae sensus afficiunt, AA 2 393 naturali quadam animi lege coordinantur. Porro; | quemadmodum sensatio, quae sensualis repraesentationis *Materiam* constituit, praesentiam quidem sensibilis alicuius arguit, sed quoad qualitatem pendet a natura subiecti, quatenus ab isto obiecto est modificabilis; ita etiam eiusdem repraesentationis *forma*, testatur utique quendam sensorum respectum aut relationem, verum proprie non est adumbratio aut schema quoddam obiecti, sed non nisi lex quaedam menti insita, sensa ab obiecti praesentia orta sibimet coordinandi. Nam per formam seu speciem obiecta sensus non feriunt; ideoque, ut varia obiecti sensum afficientia in totum aliquod repraesentationis coalescant, opus est interno mentis principio,

§ 4

Ainsi puisque tout ce qu'il y a de sensible dans la connaissance dépend de la nature particulière du sujet en tant que la présence des objets le rend capable de telle ou telle modification, laquelle peut être différente pour chacun selon la diversité des sujets ; et puisque d'autre part toute connaissance n'est soumise à une telle condition subjective que si elle se rapporte à un objet, il est évident que les pensées sensibles sont les représentations des choses *telles qu'elles apparaissent* et que les pensées intellectuelles sont les représentations des choses *telles qu'elles sont*. Aussi une représentation des sens contient d'une part quelque chose que l'on appelle *matière*, et qui est la *sensation*, d'autre part quelque chose que l'on peut appeler la *forme*, et qui est l'*aspect* des choses sensibles[31], et que l'on remarque en ce que la diversité qui affecte les sens est coordonnée par une certaine loi naturelle de l'esprit. De plus, de même que la sensation, qui constitue la *matière* de la représentation issue des sens[32], prouve bien la présence de quelque chose de sensible tout en ne dépendant, quant à sa qualité, que de la nature du sujet, qui est précisément susceptible d'être modifié par cet objet, de même, la *forme* de cette même représentation indique dans tous les cas un certain rapport ou relation dans ce qui est senti, mais elle n'est pas elle-même un schéma ou une esquisse de l'objet, mais seulement une certaine loi contenue dans l'esprit et qui coordonne pour luimême ce qui est senti du fait de la présence de l'objet. Car les objets ne frappent pas les sens par leur forme ou leur aspect ; et afin que les diverses propriétés de l'objet qui affectent les sens soient liées dans le tout d'une représentation, il faut un principe

per quod varia illa secundum stabiles et innatas leges *speciem* quandam induant.

§ 5

Ad sensualem itaque cognitionem pertinet: tam materia, quae est sensatio, et per quam cognitiones dicuntur *sensuales*, quam forma, per quam, etiamsi reperiatur absque omni sensatione, repraesentationes vocantur *sensitivae*. Quod ab altera parte attinet *intellectualia*, ante omnia probe notandum est: usum Intellectus, s. superioris animae facultatis esse duplicem: quorum priori *dantur* conceptus ipsi, vel rerum vel respectuum, qui est USUS REALIS; posteriori autem, undecunque dati, sibi tantum *subordinantur*, inferiores nempe superioribus (notis communibus) et conferuntur inter se secundum princ. contrad., qui USUS dicitur LOGICUS. Est autem usus intellectus logicus omnibus scientiis communis, realis non item. Data enim quomodocunque cognitio spectatur, vel contenta sub nota pluribus communi, vel illi opposita, idque vel immediate et proxime, ut fit in *iudiciis* ad distinctam, A₂ 9 vel mediate ut in *ratiociniis* | ad adaequatam cognitionem. Datis igitur cognitionibus sensitivis, per usum intellectus logicum sensitivae subordinantur aliis sensitivis, ut conceptibus communibus et phaenomena legibus phaenomenorum

interne de l'esprit qui confère à ces diverses propriétés un
certain *aspect* selon des lois stables et innées[33].

§ 5

Ainsi la connaissance issue des sens a aussi bien une
matière, qui est la sensation, et par laquelle les connaissances
sont dite *issues des sens*, qu'une forme par laquelle les représentations sont appelées *sensibles*, même si la forme se trouve
vide de toute sensation. En ce qui concerne par ailleurs les
choses intellectuelles, il faut avant tout bien noter que l'entendement, c'est-à-dire la faculté supérieure de l'âme, a deux
usages : par le premier les concepts eux-mêmes, que ce soient
les concepts des choses ou de leurs rapports, sont *donnés*, et
c'est l'USAGE RÉEL ; par le second au contraire, les concepts,
quelle que soit leur origine, sont seulement *subordonnés* les
uns aux autres, à savoir les inférieurs aux supérieurs (au moyen
de leurs caractères communs) et sont rapportés les uns aux
autres selon le principe de contradiction, et c'est l'USAGE dit
LOGIQUE. L'usage logique de l'entendement est commun à
toutes les sciences, contrairement à l'usage réel[34]. En effet,
une connaissance, quelle que soit la manière dont elle est
donnée, est considérée soit comme contenue sous un caractère
commun à plusieurs, soit comme lui étant opposée, et cela soit
de manière immédiate et directe, comme dans les *jugements*
relatifs à une connaissance distincte, soit de manière médiate,
comme dans les *raisonnements* relatifs à une connaissance
adéquate. Des connaissances sensibles étant ainsi données,
elles sont subordonnées à d'autres connaissances sensibles par
l'usage logique de l'entendement comme à des concepts
communs, tout comme des phénomènes sont soumis aux lois

generalioribus. Maximi autem momenti hic est, notasse: cognitiones semper habendas esse pro sensitivis, quantus-cunque circa illas intellectui fuerit usus logicus. Nam vocantur sensitivae *propter genesin* non ob *collationem* quoad identi-tatem vel oppositionem. Hinc generalissimae leges empiricae sunt nihilo secius sensuales et, quae in Geometria reperiuntur, formae sensitivae principia (respectus in spatio determinati), quantumcunque intellectus circa illa versetur, argumentando

AA 2 394 | e sensitive datis (per intuitum purum) secundum regulas logicas, tamen non excedunt sensitivorum classem. In sensua-libus autem et Phaenomenis id quod antecedit usum intellectus logicum, dicitur *Apparentia*, quae autem apparentiis pluribus per intellectum comparatis oritur cognitio reflexa vocatur *Experientia*. Ab apparentia itaque ad experientiam via non est, nisi per reflexionem secundum usum intellectus logicum. Experientiae conceptus communes dicuntur *empirici* et obiecta *phaenomena* leges autem tam experientiae quam generatim omnis cognitionis sensitivae vocantur leges phaenomenorum. Conceptus itaque empirici per reductionem ad maiorem universalitatem non fiunt intellectuales in *sensu reali*, et non excedunt speciem cognitionis sensitivae, sed, quousque abstrahendo adscendant, sensitivi[1] manent in indefinitum.

§ 6

Quod autem intellectualia stricte talia attinet, in quibus *usus intellectus* est *realis*: conceptus tales,

plus générales des phénomènes. Mais il est très important de faire remarquer ici que ces connaissances doivent toujours être considérées comme sensibles, aussi loin qu'ait pu aller l'usage logique de l'entendement à leur endroit. Car elles sont appelées sensibles *en raison de leur genèse, et non de leur comparaison* selon l'identité ou l'opposition. Ainsi les lois empiriques les plus générales n'en sont pas moins issues des sens, et les principes de la forme sensible que l'on trouve en géométrie (ou rapports déterminés dans l'espace) appartiennent bien à la classe des connaissances sensibles, si grand qu'ait pu être l'usage de l'entendement à leur endroit, lorsqu'il raisonne sur les données sensibles (de l'intuition pure) en suivant des règles logiques. Mais dans les choses sensibles[35] et dans les phénomènes, ce qui précède l'usage logique de l'entendement est appelé *apparition*, et la connaissance réfléchie qui naît de la comparaison de plusieurs apparitions par l'entendement est appelée *expérience*. On ne passe donc de l'apparition à l'expérience que par la réflexion selon l'usage logique de l'entendement[36]. Les concepts communs de l'expérience sont dits *empiriques* et ses objets sont dits des *phénomènes*; quant aux lois tant de l'expérience que de toute connaissance sensible en général, elles sont appelées lois des phénomènes. C'est pour cette raison que les concepts empiriques ne deviennent pas intellectuels *au sens réel* par réduction à une plus grande universalité et ne sortent pas du genre des connaissances sensibles, mais qu'ils demeurent indéfiniment sensibles si haut qu'ils parviennent par abstraction.

§ 6

En ce qui concerne les choses intellectuelles en tant que telles, dans lesquelles l'*usage de l'entendement* est *réel*, les

tam obiectorum, quam respectuum, dantur per ipsam naturam intellectus, neque ab ullo sensuum usu sunt abstracti, nec formam ullam continent cognitionis sensitivae, qua talis. Necesse autem hic est, maximam ambiguitatem vocis *abstracti* notare, quam, ne nostram de intellectualibus disquisitionem maculet, antea abstergendam esse satius duco. Nempe proprie dicendum esset: *ab aliquibus abstrahere*, non A₂ 10 aliquid *abstrahere*. | Prius denotat: quod in conceptu quodam ad alia quomodocunque ipsi nexa non attendamus, posterius autem, quod non detur, nisi in concreto et ita, ut a coniunctis separetur. Hinc conceptus intellectualis *abstrahit* ab omni sensitivo, non *abstrahitur* a sensitivis et forsitan rectius diceretur *abstrahens* quam *abstractus*. Quare intellectuales consultius est *Ideas puras*, qui autem empirice tantum dantur conceptus, *abstractos* nominare.

§ 7

Ex hisce videre est: sensitivum male exponi, per *confusius* cognitum, intellectuale per id, cuius est cognitio *distincta*. Nam haec sunt tantum discrimina logica et quae *data*, quae omni logicae comparationi substernuntur, plane *non tangunt*. Possunt autem sensitiva admodum esse distincta et intellectualia maxime confusa. Prius animadvertimus AA 2 395 | in sensitivae cognitionis Prototypo, *Geometria*, posterius in intellectualium omnium Organo, *Metaphysica*,

concepts intellectuels des objets aussi bien que de leurs rapports sont donnés par la nature même de l'entendement : ils ne sont abstraits d'aucun usage des sens et ils ne contiennent aucune forme de connaissance sensible en tant que telle. Il est ici nécessaire de souligner la très grande ambiguïté du mot *abstrait*, et il vaut mieux à mon avis la dissiper avant qu'elle n'embrouille notre enquête sur les connaissances intellectuelles. A proprement parler, on devrait dire *abstraire de quelque chose*, et non *abstraire quelque chose*. La première expression signifie que l'on ne tient pas compte dans un concept de tout ce qui lui est par ailleurs attaché, de quelque manière que ce soit ; et la seconde que le concept n'est donné que concrètement et de telle sorte qu'il soit séparé de ce qui lui est joint. Ainsi un concept intellectuel *abstrait* de ce qui est sensible, mais n'*est pas abstrait* de ce qui est sensible, et il serait peut-être plus juste de dire qu'il est *abstrayant* plutôt qu'*abstrait*[37]. C'est pourquoi il est plus prudent d'appeler les concepts intellectuels *idées pures*, et d'appeler les concepts qui ne sont donnés qu'empiriquement *concepts abstraits*.

§ 7

Tout ceci montre que l'on définit mal ce qui est sensible comme ce qui est connu plus *confusément*, ni ce qui est intellectuel comme ce dont la connaissance est *distincte*. Car ce ne sont là que des différences logiques qui *n'atteignent* absolument pas les *données* qui sont soumises à toute comparaison logique. En effet les connaissances sensibles peuvent être parfaitement distinctes et les connaissances intellectuelles très confuses[38]. Le premier cas s'observe dans la *géométrie*, qui est le prototype de la connaissance sensible, et le second dans la *métaphysique*, qui est l'organon de toutes les connaissances

quae, quantum operae navet ad dispellendas, quae intellectum communem obfuscant, confusionis nebulas, quanquam non semper tam felici quam in priori fit successu, in propatulo est. Nihilo tamen secius harum cognitionum quaelibet stemmatis sui signum tuetur, ita, ut priores, quantumcunque distinctae, ob originem vocentur sensitivae posteriores, utut confusae, maneant intellectuales : quales v. g. sunt conceptus *morales*, non experiundo, sed per ipsum intellectum purum cogniti. Vereor autem ne Ill. WOLFFIUS^m per hoc inter sensitiva et intellectualia discrimen, quod ipsi non est nisi logicum, nobilissimum illud antiquitatis *de Phaenomenorum et Noumenorum indole* disserendi institutum, magno philosophiae detrimento, totum forsitan aboleverit, animosque ab ipsorum indagatione ad logicas saepenumero minutias averterit.

§ 8

Philosophia autem *prima* continens *principia* usus *intellectus puri* est Metaphysica. Scientia vero illi *propae-* A₂ 11 *deutica* est, quae | discrimen docet sensitivae cognitionis ab intellectuali; cuius in hac nostra dissertatione specimen exhibemus. Cum itaque in Metaphysica non reperiantur principia empirica : conceptus in ipsa obvii non quaerendi sunt in sensibus, sed in ipsa natura intellectus puri, non tanquam conceptus *connati*, sed e legibus menti insitis (attendendo ad eius actiones occasione experientiae) abstracti, adeoque *acquisiti*. Huius generis sunt possibilitas,

intellectuelles, et dont il est bien connu combien elle s'applique à dissiper les brouillards de confusion qui obscurcissent l'entendement commun, quoiqu'elle ne réussisse pas toujours avec autant de bonheur que la géométrie. Néanmoins chacune de ces connaissances garde la marque de son origine de sorte que les premières, si distinctes qu'elles soient, sont appelées sensibles en raison de leur origine et que les secondes, quelles que confuses qu'elles soient, demeurent intellectuelles : tels sont par exemple les concepts *moraux* qui ne sont pas connus par expérience mais par l'entendement pur même[39]. Or je crains que l'illustre WOLFF, par cette distinction entre le sensible et l'intellectuel, qui n'est pour lui que logique[40], n'ait peut-être totalement fait disparaître, au grand détriment de la philosophie, cette très noble institution de l'antiquité de traiter de la *nature des phénomènes et des noumènes*, et qu'il n'ait détourné les esprits de cette recherche pour les porter, le plus souvent, vers des broutilles logiques.

§ 8

La philosophie qui contient les *premiers principes* de l'usage de *l'entendement pur* est la MÉTAPHYSIQUE[41]. Mais il y a une science *propédeutique* à celle-ci et qui enseigne la distinction entre la connaissance sensible et intellectuelle : notre dissertation en donne un aperçu[42]. Puisqu'on ne trouve donc pas de principes empiriques en métaphysique, il ne faut pas chercher les concepts qu'on y rencontre dans les sens mais dans la nature même de l'entendement pur, et cela non comme des concepts *innés* mais comme des concepts abstraits des lois se trouvant dans l'esprit (en faisant attention à ses actes à l'occasion de l'expérience), et donc comme des concepts *acquis*[43]. À ce genre de concepts appartiennent la possibilité,

existentia, necessitas, substantia, causa etc. cum suis oppositis aut correlatis; quae cum nunquam ceu partes repraesentationem ullam sensualem ingrediantur, inde abstrahi nullo modo potuerunt.

§ 9

Intellectualium duplex potissimum finis est: prior *elenchticus* per quem negative prosunt, quando nempe sensitive concepta arcent a Noumenis et quanquam scientiam non provehant latum unguem, tamen eandem ab errorum contagio immunem praestant. Posterior est *dogmaticus*: secundum quem principia generalia intellectus puri, qualia exhibet Ontologia, aut Psychologia rationalis exeunt in

AA 2 396 exemplar aliquod, | Non nisi intellectu puro concipiendum et omnium aliorum quoad realitates mensuram communem, quod est Perfectio Noumenon. Haec autem est vel in sensu theoretico*, vel practico talis. In priori est Ens summum, Deus, in posteriori sensu Perfectio moralis. *Philosophia* igitur *moralis*, quatenus *principia diiudicandi* prima suppeditat, non cognoscitur nisi per intellectum purum et pertinet ipsa ad philosophiam puram, quique ipsius criteria ad sensum voluptatis aut taedii protraxit, summo iure reprehenditur Epicurus, una cum neotericis quibusdam, ipsum e longinquo quadamtenus[n] secutis uti Shaftesbury et Asseclae. In quolibet

---

* Theoretice aliquid spectamus quatenus non attendimus, nisi ad ea quae enti competunt, practice autem si ea quae ipsi per libertatem inesse debebant dispicimus.

l'existence, la nécessité, la substance, la cause, etc. avec leurs opposés et leurs corrélats, qui, n'entrant jamais à titre de partie dans aucune représentation sensible, n'ont donc pu en être abstrait d'aucune manière[44].

§ 9

Les connaissances intellectuelles ont principalement deux fins[45]. La première est *élenchtique*[46], lorsqu'elles ont l'usage négatif de maintenir ce qui est conçu de manière sensible à l'écart des noumènes, et où, quoique ne faisant pas avancer la science d'un pas, elles la préservent cependant de la contagion des erreurs. La seconde est *dogmatique*, lorsque les principes généraux de l'entendement pur, tels qu'ils se présentent dans l'ontologie ou dans la psychologie rationnelle, aboutissent à quelque modèle qui n'est concevable que par l'entendement pur, et qui est la mesure commune de toutes les autres choses en tant que réalités : telle est la PERFECTION NOUMÉNALE. On peut l'entendre soit au sens théorique*, soit au sens pratique. Au sens théorique, c'est l'être suprême, ou DIEU; au sens pratique, c'est la PERFECTION MORALE. La *philosophie morale*, en tant qu'elle fournit les premiers *principes de discernement*, n'est donc connue que par l'entendement pur et relève elle-même de la philosophie pure, et c'est à juste titre que l'on critique Épicure pour avoir réduit les critères de cette philosophie au sentiment du plaisir et de l'aversion[48], ainsi que certains modernes qui l'ont d'une certaine manière suivi de loin, tels Shaftesbury et ses disciples[49]. Dans tout genre de

---

* Nous considérons une chose théoriquement lorsque nous n'envisageons que ce qui concerne son être, et nous la considérons pratiquement si nous examinons ce qui devrait lui appartenir par liberté[47].

autem genere eorum, quorum quantitas est variabilis, *Maximum* est mensura communis et principium cognoscendi. *Maximum perfectionis* vocatur nunc temporis Ideale, Platoni A₂ 12 Idea (quemadmodum | ipsius idea reipublicae) et omnium, sub generali perfectionis alicuius notione contentorum, est principium, quatenus minores gradus nonnisi limitando maximum determinari posse censentur; Deus autem, cum, ut Ideale perfectionis, sit principium cognoscendi, ut realiter existens, simul est omnis omnino perfectionis principium fiendi.

§ 10

Intellectualium non datur (homini) *Intuitus*, sed non nisi *cognitio symbolica* et intellectio nobis tantum licet per conceptus universales in abstracto, non per singularem in concreto. Omnis enim intuitus noster adstringitur principio cuidam formae, sub qua sola aliquid immediate, s. ut *singulare*, a mente *cerni* et non tantum discursive per conceptus generales concipi potest. Principium autem hoc formale nostri intuitus (spatium et tempus) est conditio, sub qua aliquid sensuum nostrorum obiectum esse potest adeoque, ut conditio cognitionis sensitivae, non est medium ad intuitum intellectualem. Praeterea omnis nostrae cognitionis materia non datur nisi a sensibus, sed Noumenon qua tale non concipiendum est per repraesentationes a sensationibus depromptas[e]; ideo conceptus Intelligibilis, qua talis, est destitutus ab omnibus *datis* intuitus humani. *Intuitus* nempe mentis nostrae

choses dont la quantité est variable, le *maximum* est la mesure commune et le principe de la connaissance. Le *maximum de perfection*, que Platon appelle idée (comme son idée de la république)[50], est appelé de nos jours idéal, et c'est le principe de tout ce qui est contenu sous la notion générale de quelque perfection, dans la mesure où des degrés moindres ne sont censés pouvoir être déterminés que comme des limitations du maximum. Et Dieu, de même qu'il est le principe de la connaissance en tant qu'idéal de perfection, est aussi en même temps, du fait qu'il existe réellement, le principe de l'existence de toute perfection en général.

§ 10

Il n'y a pas (pour l'homme) d'*intuition* des choses intellectuelles, mais seulement une *connaissance symbolique*, et l'intellection ne nous est permise que par concepts universels dans l'abstrait et non par *saisie singulière* dans le concret. Car chacune de nos intuitions est astreinte à un certain principe d'une forme, par laquelle seulement quelque chose peut être immédiatement *perçu* par l'esprit, c'est-à-dire perçu comme chose *singulière*, et non pas seulement conçu discursivement par des concepts généraux. Or ce principe formel de notre intuition (l'espace et le temps) est la condition sous laquelle quelque chose peut devenir objet de nos sens et n'est donc pas, en tant que condition de la connaissance sensible, le moyen d'une intuition intellectuelle. De plus si toute matière de notre connaissance est donnée uniquement par les sens, le noumène en tant que tel ne doit pas être conçu au moyen de représentations issues des sensations, et c'est pour cette raison qu'un concept intellectuel[51] en tant que tel est privé de toute *donnée* de l'intuition humaine. Car l'*intuition* de notre esprit

AA 2 397 semper | est *passivus*; adeoque eatenus tantum quatenus
aliquid sensus nostros afficere potest, possibilis. Divinus
autem intuitus, qui obiectorum est principium, non
principiatum, cum sit independens, est Archetypus et
propterea perfecte intellectualis.

§ 11

Quanquam autem Phaenomena proprie sint rerum species,
non Ideae, neque internam et absolutam obiectorum qualitatem exprimant; nihilo tamen minus illorum cognitio est
verissima. Primo enim, quatenus sensuales sunt conceptus s.
apprehensiones, ceu causata testantur de praesentia obiecti,
quod contra Idealismum, quatenus autem iudicia spectas
A₂ 13 circa sensitive cognita, cum veritas in | iudicando consistat
in consensu praedicati cum subiecto dato, conceptus autem
subiecti, quatenus est Phaenomenon, non detur° nisi per relationem ad facultatem cognoscendi sensitivam, et secundum
eandem etiam praedicata dentur sensitive observabilia, patet
repraesentationes subiecti atque praedicati fieri secundum
leges communes, adeoque ansam praebere cognitioni
verissimae.

§ 12

Quaecunque ad sensus nostros referuntur ut obiecta sunt
Phaenomena, quae autem, cum sensus non tangant, formam
tantum singularem sensualitatis continent pertinent ad
intuitum purum (i.e. a sensationibus vacuum ideo autem non
intellectualem). Phaenomena recensentur et exponuntur,
primo, sensus externi in Physica, *deinde*, sensus interni in
Psychologia empirica. Intuitus autem purus (humanus) non est

est toujours *passive* et n'est donc possible que dans la mesure où quelque chose peut affecter nos sens. L'intuition divine au contraire, qui est principe et non conséquence des objets, est un archétype du fait de son indépendance, et est ainsi parfaitement intellectuelle[52].

§ 11

Quoique les phénomènes soient proprement l'aspect des choses, et non leur idée, et qu'ils n'expriment pas la qualité interne et absolue des objets, leur connaissance n'en est pas moins très vraie. D'une part en effet, leur propriété d'être causés, en tant que concepts ou appréhensions issues des sens, atteste la présence de l'objet, ce qui va à l'encontre de tout idéalisme[53]. D'autre part, si l'on considère les jugements portés sur ce qui est connu par les sens, il est clair que, puisque la vérité d'un jugement consiste dans l'accord du prédicat avec le sujet donné, et puisque le concept du sujet, en tant que phénomène, n'est donné que dans la relation à la faculté sensible de connaître, laquelle donne également les prédicats observables par les sens, les représentations du sujet et du prédicat adviennent selon les lois communes et sont ainsi susceptibles d'une connaissance parfaitement vraie.

§ 12

Tout ce qui se rapporte à nos sens en tant qu'objet est un phénomène; mais ce qui, n'étant pas en contact avec les sens, contient uniquement la forme singulière de la sensibilité, appartient à l'intuition pure (qui est vide de sensations sans pour autant être intellectuelle). Les phénomènes du sens externe sont *d'une part* recueillis et exposés dans la PHYSIQUE, ceux du sens interne le sont *d'autre part* dans la PSYCHOLOGIE EMPIRIQUE. Mais l'intuition pure (humaine) n'est pas un

conceptus universalis s. logicus *sub quo* sed singularis *in quo* sensibilia quaelibet cogitantur ideoque continet conceptus spatii et temporis; qui, cum quoad *qualitatem* nihil de sensibilibus determinent, non sunt obiecta scientiae, nisi quoad *quantitatem*. Hinc Mathesis pura *spatium* considerat in Geometria *tempus* in Mechanica pura. Accedit hisce conceptus quidam, in se quidem intellectualis; sed cuius tamen actuatio in concreto exigit opitulantes notiones temporis et spatii (successive addendo plura et iuxta se simul ponendo), qui est conceptus *Numeri*, quem tractat Arithmetica. Mathesis itaque pura, omnis nostrae sensitivae cognitionis formam exponens, AA 2 398 est cuiuslibet intuitivae | et distinctae cognitionis organon; et, quoniam eius obiecta ipsa sunt omnis intuitus, non solum principia formalia, sed ipsa *intuitus originarii*, largitur cognitionem verissimam simulque summae evidentiae in aliis exemplar. *Sensualium itaque datur scientia*, quanquam, cum sint Phaenomena, non datur intellectio realis, sed tantum logica; hinc patet quo sensu, qui e schola Eleatica hauserunt, scientiam phaenomenis denegasse censendi sint.

A₂ 14 | SECTIO III

De principiis formae Mundi sensibilis

§ 13

Principium formae universi est, quod continet rationem nexus universalis, quo omnes substantiae

concept universel ou logique *sous lequel*, mais bien un concept singulier *dans lequel* est pensé n'importe quel objet sensible, et contenant donc les concepts d'espace et de temps, qui, puisqu'ils ne déterminent pas les représentations sensibles du point de vue de la *qualité*, ne sont objets de science que du point de vue de la *quantité*. Ainsi la MATHÉMATIQUE PURE considère l'*espace* en GÉOMÉTRIE, et le *temps* en MÉCANIQUE PURE. A ces concepts vient s'ajouter un autre concept, intellectuel en lui-même, mais dont l'actualisation concrète exige cependant l'aide des notions d'espace et de temps (en raison de l'addition successive et de la juxtaposition simultanée de plusieurs éléments) : c'est le concept de *nombre* dont traite l'ARITHMÉTIQUE. C'est pourquoi la mathématique pure, qui expose la forme de toute notre connaissance sensible, est l'organon de toute connaissance intuitive et distincte, et comme ses objets mêmes sont non seulement les principes formels de toute intuition, mais sont eux-mêmes des *intuitions originaires*, elle dispense à la fois une connaissance très vraie et un modèle de la plus haute évidence dans les autres sciences. *Il y a donc une science des choses sensibles* même si, puisque ce sont des phénomènes, il n'y en a pas d'intellection réelle mais seulement logique : on voit donc clairement en quel sens ceux qui se réclament de l'école éléate ont pu refuser d'admettre une science des phénomènes[54].

SECTION III

Sur les principes de la forme du monde sensible

§ 13

Le principe de la forme de l'univers est ce qui contient la raison de la liaison universelle en vertu de laquelle toutes les

atque earum status pertinent ad idem totum, quod dicitur *Mundus*. Principium formae *mundi sensibilis* est, quod continet rationem *nexus universalis* omnium, quatenus sunt *Phaenomena*. Forma *mundi intelligibilis* agnoscit principium obiectivum, h.e. causam[c] aliquam, per quam existentium in se est colligatio. Mundus autem, quatenus spectatur ut Phaenomenon, h.e. respective ad sensualitatem mentis humanae, non agnoscit aliud principium formae nisi subiectivum h.e. certam animi legem, per quam necesse est, ut omnia, quae sensuum obiecta (per istorum qualitatem) esse possunt, *necessario* pertinere videantur ad idem Totum. Quodcunque igitur tandem sit principium formae Mundi sensibilis, tamen non complectitur nisi *actualia* quatenus in *sensus cadere* posse putantur, ideoque nec immateriales substantias, quae, qua tales iam per definitionem a sensibus externis omnino excluduntur, nec mundi causam[c], quae, cum[j] per illam mens ipsa existat et sensu aliquo polleat, sensuum obiectum esse non potest. Haec principia formalia *Universi phaenomeni* absolute prima, catholica et cuiuslibet praeterea in cognitione humana sensitivi quasi schemata et conditiones, bina esse, Tempus et Spatium, iam demonstrabo.

§ 14

De Tempore

1. *Idea Temporis non oritur, sed supponitur a sensibus.* Quae enim in sensus incurrunt, utrum simul sint, an post
AA 2 399 se invicem, non nisi per | ideam temporis repraesentari potest; neque successio gignit conceptum temporis

substances et leurs états appartiennent à un même tout que l'on appelle *monde*. Un principe de la forme du *monde sensible* est ce qui contient la raison de la *liaison universelle* de toutes choses en tant qu'elles sont des *phénomènes*. La forme du *monde intelligible* admet un principe objectif, c'est-à-dire une certaine cause qui lie ce qui existe en soi. Mais le monde, considéré en tant que phénomène, c'est-à-dire relativement à la sensibilité de l'esprit humain, n'admet qu'un principe subjectif de la forme, à savoir une certaine loi de l'âme selon laquelle il est nécessaire que tout ce qui peut être objet des sens (du fait de sa qualité) semble appartenir *nécessairement* à un même tout. Quel que soit en fin de compte le principe de la forme du monde sensible, il ne s'applique de toute manière qu'aux *choses actuelles* dont on pense qu'elles peuvent tomber *sous les sens*, et donc ni aux substances immatérielles – qui sont en tant que telles et par définition déjà totalement exclues des sens externes – ni à la cause du monde, qui ne peut être objet des sens puisque c'est par elle que l'esprit lui-même existe et qu'il dispose de quelque sens. Je vais maintenant démontrer que ces principes formels de l'*univers phénoménal*, principes absolument premiers, universels et qui sont pour ainsi dire les conditions et les schémas[55] de tout ce qui est sensible dans la connaissance humaine, sont au nombre de deux : le temps et l'espace.

§ 14

Du temps

1. *L'idée de temps ne naît pas des sens, mais est supposée par eux*[56]. En effet, ce n'est que par l'idée de temps que l'on peut se représenter si ce qui tombe sous les sens est simultané ou au contraire successif : la succession n'engendre pas le concept

sed ad illum provocat. Ideoque temporis notio, veluti per
A₂ 15 experientiam acquisita, pessime definitur : per seriem | actua-
lium *post* se invicem existentium. Nam, quid significet vocula
post, non intelligo, nisi praevio iam temporis conceptu. Sunt
enim, *post* se invicem, quae existunt *temporibus diversis*,
quemadmodum *simul* sunt, quae existunt *tempore eodem*.

2. *Idea Temporis est singularis*, non generalis. Tempus
enim quodlibet non cogitatur, nisi tanquam pars unius eiusdem
temporis immensi. Duos annos si cogitas, non potes tibi
repraesentare, nisi determinato erga se invicem positu, et,
si immediate se non sequantur, non nisi tempore quodam
intermedio sibimet iunctosᴾ. Quodnam autem temporum
diversorum sit *prius*, quodnam *posterius*, nulla ratione per
notas aliquas intellectui conceptibiles definiri potest, nisi in
circulum vitiosum incurrere velis, & mens illud non discernit,
nisi per intuitum singularem. Praeterea omnia concipis
actualia *in* tempore posita, non *sub* ipsius notione generali,
tanquam nota communi, contenta.

3. *Idea* itaque *Temporis est intuitus*, et quoniam ante
omnem sensationem concipitur, tanquam conditio respectuum
in sensibilibus obviorum, est *intuitus* non sensualis sed *purus*.

4. *Tempus est quantum continuum* et legum continui in
mutationibus universi principium. Continuum enim est
quantum, quod non constat simplicibus. Quia autem per
tempus non cogitantur nisi relationes, absque datis ullis

de temps mais fait au contraire appel à lui. On définit par conséquent très mal la notion de temps en disant que c'est la série des choses actuelles existant les unes *après* les autres, comme si elle était acquise par expérience. Car je ne peux comprendre ce que signifie le mot *après* si je n'ai pas d'abord le concept de temps. Sont les unes *après* les autres en effet les choses qui existent en des *temps différents*, et sont *simultanées* celles qui existent *en même temps*.

2. *L'idée de temps est singulière*, et non générale. Car un temps quelconque ne peut être pensé que comme partie d'un même temps unique illimité[57]. Si l'on pense à deux années, on ne peut se les représenter que dans une position réciproque déterminée, et reliées entre elles par quelque temps déterminé au cas où elles ne se suivent pas immédiatement. Et parmi différents temps, on ne peut en aucune manière définir lequel est *antérieur* et lequel est *postérieur* par certains caractères concevables par l'entendement, à moins de vouloir retomber dans un cercle vicieux : l'esprit ne les distingue que par une intuition singulière. De plus, on conçoit toutes les choses actuelles comme situées *dans* le temps, et non comme contenues *sous* sa notion générale comme sous un caractère commun.

3. *L'idée de temps est* donc *une intuition*, et puisqu'elle est conçue avant même toute sensation comme la condition des rapports que l'on trouve dans les choses sensibles, elle n'est pas une intuition sensible mais une *intuition pure*.

4. *Le temps est une grandeur continue* et le principe des lois du continu dans les changements de l'univers. Le continu est en effet une grandeur qui n'est pas composée d'éléments simples. Or, puisque l'on ne pense avec le temps que des

entibus erga se invicem relatis, in tempore, ceu quanto, est compositio, quae si tota sublata concipiatur, nihil plane reliqui facit. Cuius autem compositi sublata omni compositione, nihil omnino remanet, illud non constat partibus simplicibus. Ergo etc q. Pars itaque temporis quaelibet est tempus, et, quae sunt in tempore, simplicia, nempe *momenta*, non sunt partes illius, sed *termini*, quos interiacet tempus. Nam datis duobus momentis non datur tempus, nisi quatenus in illis actualia sibi succedunt; igitur praeter momentum datum necesse est, ut detur tempus, in cuius parte posteriori sit momentum aliud.

Lex autem *continuitatis* metaphysica haec est: *Mutationes omnes* | *sunt continuae*, s. fluunt, h.e. non succedunt sibi status oppositi, nisi per seriem statuum diversorum intermediam. Quia enim status duo oppositi sunt in diversis temporis momentis, inter duo autem momenta semper sit tempus aliquod interceptum, in cuius infinita momentorum | serie substantia nec est in uno statuum datorum, nec in altero, nec tamen in nullo; erit in diversis, et sic porro in infinitum.

Celeb. Kaestnerus, hanc Leibnitzii legem examini subiecturus, provocat eius defensores * ut demonstrent: *motum puncti continuum per omnia latera trianguli esse impossibilem*, quod utique, concessa lege continuitatis, probari necesse esset. En igitur demonstrationem quaesitam. Denotent literae *a*, *b*, *c* tria puncta angularia trianguli rectilinei. Si mobile incedat motu continuo per lineas *ab*, *bc*, *ca*, h.e. totum

---

* Höhere Mechanick, p. 354.

relations indépendamment des êtres mis en relation, il y a bien dans le temps, en tant que grandeur, une composition telle que si on la supprimait par la pensée, il ne resterait absolument plus rien. Et lorsqu'il ne subsiste rien d'un composé quand on enlève sa composition, c'est qu'il n'est pas constitué de parties simples. Donc etc.[58]. Ainsi toute partie du temps est un temps et ce qu'il y a de simple dans le temps, à savoir ses *instants*, n'en sont pas des parties mais des *limites* qui encadrent un temps. Car étant donnés deux instants, il n'y a de temps que si des choses actuelles se succèdent en eux : il est donc nécessaire que soit donné, en plus d'un instant, un temps vers la fin duquel il y a un autre instant.

La loi métaphysique de *continuité* est la suivante : *tous les changements sont continus*, ou fluent, c'est-à-dire que des états opposés ne se succèdent que par une série intermédiaire d'états divers. En effet, puisque deux états opposés sont en des instants différents du temps, il y a toujours un temps intercepté entre ces deux instants de sorte que, dans la série infinie des instants de ce temps, la substance n'est ni en l'un ni en l'autre des états donnés, ni non plus en aucun : elle sera en différents états, et ce à l'infini.

Le célèbre Kästner[59], afin d'éprouver cette loi de Leibniz[60], met au défi ses partisans* de démontrer que le *mouvement continu d'un point passant par tous les côtés d'un triangle est impossible*, ce qu'il est nécessaire de pouvoir démontrer si l'on admet la loi de continuité. Voici donc la démonstration demandée. Soient *a*, *b*, *c* les trois sommets d'un triangle rectiligne. Si un mobile parcourt d'un mouvement continu les lignes *ab*, *bc*, *ca*, c'est-à-dire le périmètre de la

* Mécanique supérieure, p. 354.

perimetrum figurae, necesse est ut per punctum *b* in directione *ab*, per idem autem punctum *b* etiam in directione *bc* moveatur. Cum autem hi motus sint diversi, non possunt esse *simul*. Ergo momentum praesentiae puncti mobilis in vertice *b* quatenus movetur in directione *ab* est diversum a momento praesentiae puncti mobilis in eodem vertice *b*, quatenus movetur secundum directionem *bc*. Sed inter duo momenta est tempus, ergo mobile in eodem puncto per tempus aliquod praesens est, i.e. *quiescit*, ideoque non incedit motu continuo, quod contra hypothesin; eadem demomstratio valet de motu, per quaslibet rectas, angulum includentes dabilem. Ergo corpus non mutat directionem in motu continuo, nisi secundum lineam, cuius nulla pars est recta, h.e. curvam, secundum placita Leibnitzii.

5. *Tempus non est obiectivum aliquid et reale*, nec substantia, nec accidens, nec relatio, sed subiectiva conditio per naturam mentis humanae necessaria, quaelibet sensibilia, certe lege sibi coordinandi, et *intuitus purus*. Substantias enim pariter ac accidentia coordinamus, tam secundum simultaneitatem, quam successionem, non nisi per conceptum temporis; ideoque huius notio, tanquam | principium formae, istorum conceptibus est antiquior. Quod autem relationes attinet, s. respectus quoscunque, quatenus sensibus sunt obvii, utrum nempe simul sint an post se invicem, nihil aliud involvunt, nisi positus in tempore determinandos, vel in eodem ipsius puncto, vel diversis.

figure, il se meut nécessairement au point *b* dans la direction
ab, mais aussi au même point *b* dans la direction *bc*. Or comme
ces mouvements sont différents, ils ne peuvent être *simultanés*.
Donc l'instant de la présence du point mobile au sommet *b* en
tant qu'il suit la direction *ab* n'est pas le même que l'instant de
la présence du point mobile en ce même sommet *b* en tant qu'il
suit la direction *bc*. Mais entre deux instants il y a un temps, et
donc le mobile demeure un certain temps au même point, c'est-
à-dire est *en repos* et ne garde donc pas un mouvement continu,
ce qui contredit l'hypothèse. La démonstration vaut pour tout
mouvement qui suit la direction de droites quelconques
formant n'importe quel angle. Un corps qui a un mouvement
continu ne peut donc changer de direction que selon une ligne
dont aucune partie n'est droite, c'est-à-dire selon une courbe,
conformément au postulat de Leibniz.

   5. *Le temps n'est pas quelque chose d'objectif et de réel*, il
n'est ni une substance, ni un accident, ni une relation, mais
la condition subjective, nécessaire en raison de la nature de
l'esprit humain, pour coordonner des choses sensibles quelconques selon une loi déterminée : il est une *intuition pure*.
C'est en effet par le concept de temps que nous coordonnons,
tant selon la simultanéité que selon la succession, les substances aussi bien que les accidents : la notion de temps est
ainsi, en tant que principe de la forme, antérieure aux concepts
de substance et d'accident. En ce qui concerne les relations,
c'est-à-dire les rapports quelconques en général – simultanés
ou successifs – pourvu qu'ils tombent sous les sens, elles ne
contiennent rien d'autre que la détermination de leur position
dans le temps, soit au même instant, soit en des instants
différents.

Qui realitatem temporis obiectivam asserunt, aut illud tanquam fluxum aliquem in existendo continuum, absque ulla tamen re existente (commentum absurdissimum) concipiunt, uti potissimum Anglorum philosophi, aut tanquam abstractum reale a successione statuum internorum, uti *Leibnitzius* et AA 2 401 asseclae statuunt. Posterioris | autem sententiae falsitas, cum circulo vitioso in temporis definitione obvia luculenter semet ipsam prodat, et praeterea *simultaneitatem* *, maximum temporis consectarium, plane negligat, ita omnem sanae rationis usum interturbat, quod non motus leges secundum temporis mensuram, sed tempus ipsum, quoad ipsius naturam, per observata in motu, aut qualibet mutationum internarum, serie, determinari postulet, quo omnis regularum certitudo plane aboletur. Quod autem temporis *quantitatem* non aestimare possimus, nisi in concreto, nempe vel *motu* vel *cogitationum serie*, id inde est, quoniam conceptus temporis

---

* *Simultanea* non sunt ideo talia, quia sibi non succedunt. Nam remota successione tollitur quidem coniunctio aliqua, quae erat per seriem temporis, sed inde non statim oritur *alia* vera relatio qualis est coniunctio omnium in momento eodem. Simultanea enim perinde iunguntur eodem temporis momento quam successiva diversis. Ideo, quanquam tempus sit unius tantum dimensionis, tamen *ubiquitas* temporis (ut cum Newtono loquar), per quam *omnia* sensitive cogitabilia sunt *aliquando*, addit quanto actualium alteram dimensionem, quatenus veluti pendent ab eodem temporis puncto. Nam si tempus designes linea recta in infinitum producta, et simultanea in quolibet temporis puncto per lineas ordinatim applicatas; superficies, quae ita generatur, repraesentabit *Mundum phaenomenon*, tam quoad substantiam, quam quoad accidentia.

Ceux qui soutiennent la réalité objective du temps conçoivent le temps soit comme un flux continu dans l'existence
indépendamment de toute chose existante (invention bien
absurde !) – comme le font surtout les philosophes anglais[61] ;
soit comme une réalité tirée de la succession des états internes
– comme l'affirment *Leibniz* et ses disciples[62]. La fausseté
de cette dernière opinion se découvre splendidement d'elle-
même en raison du cercle vicieux dans la définition proposée
du temps, laquelle néglige d'ailleurs purement et simplement
la *simultanéité**, implication la plus importante du temps[63].
Elle dérègle donc tout usage de la saine raison en enjoignant
non de déterminer les lois du mouvement par la mesure du
temps[64], mais le temps lui-même, en sa nature propre, par
l'observation de ce qui est en mouvement ou par une série de
changements internes : c'est précisément abolir toute certitude
dans les règles. Mais que nous ne puissions estimer la *quantité*
du temps que de manière concrète, à savoir par un *mouvement*
ou par une *série de pensées*, vient de ce que le concept de temps

---

* Des choses ne sont pas *simultanées* du seul fait qu'elles ne se succèdent
pas. Car si l'on supprime la succession, on supprime bien une certaine conjonction qui reposait sur une série dans le temps, mais il n'en naît pas pour autant une
autre relation véritable qui soit comme la conjonction de toutes choses au même
instant. Car les simultanés sont liés en un même instant du temps tout comme les
successifs le sont en différents instants. Ainsi, bien que le temps n'ait qu'une
seule dimension, l'*ubiquité* du temps[63bis] (pour parler comme Newton), selon
laquelle *tout* ce qui est pensable par la faculté sensible existe en quelque temps,
ajoute à l'ensemble des choses actuelles une autre dimension en tant qu'elles
sont comme suspendues au même point du temps. Car si l'on représente le
temps par une ligne droite prolongée à l'infini, et les simultanés en un point
quelconque du temps par des lignes abaissées sur elle à intervalles réguliers,
alors la surface ainsi engendrée représentera le *monde des phénomènes* tant du
point de vue de sa substance que de ses accidents.

tantummodo lege mentis interna nititur, neque est Intuitus quidam connatus, adeoque non nisi sensuum ope actus ille animi, sua sensa coordinantis, eliciatur. Tantum vero abest, ut A₂ 18 quis unquam temporis conceptum adhuc rationis | ope aliunde deducat, et explicet, ut potius ipsum principium contradictionis eundem praemittat ac sibi conditionis loco substernat. A enim et non A non *repugnant* nisi *simul* (h.e. tempore eodem) cogitata de *eodem*, post se autem (diversis temporibus) eidem *competere possunt*. Inde possibilitas mutationum nonnisi in tempore cogitabilis, neque tempus cogitabile per mutationes, sed vice versa.

6. Quanquam autem *Tempus* in se et absolute positum sit ens imaginarium, tamen, quatenus ad immutabilem legem sensibilium qua talium pertinet, est conceptus verissimus, et, per omnia possibilia sensuum obiecta, in infinitum patens, intuitivae repraesentationis conditio. Cum enim simultanea qua talia sensibus obvia fieri non possint, nisi ope temporis, mutationes autem non sint, nisi per tempus cogitabiles, patet : hunc conceptum universalem phaenomenorum formam continere, adeoque omnes in mundo eventus observabiles, omnes motus, omnesque internas vicissitudines necessario AA 2 402 cum axiomatibus de tempore cognoscendis, | partimque a nobis expositis, consentire, quoniam *non nisi sub hisce conditionibus, sensuum obiecta esse et coordinari possunt.* Absonum igitur est; contra prima temporis puri postulata, e. g. continuitatem etc. rationem armare velle, cum legibus consequantur, quibus nihil prius, nihil antiquius reperitur,

ne repose que sur une loi interne de l'esprit et n'est pas une intuition innée, de sorte que l'acte de l'esprit qui coordonne les choses senties n'est provoqué que par les sens eux-mêmes[65]. Mais il s'en faut de beaucoup que l'on puisse un jour expliquer et déduire rationnellement le concept de temps d'un autre concept : au contraire le principe de contradiction lui-même suppose le concept de temps et l'implique comme sa condition. Car *A* et *non A* ne se *contredisent* que si on les pense *simultanément* (c'est-à-dire en même temps) *dans un même sujet*; mais ils *peuvent convenir* à un même sujet si on les pense *l'un après l'autre* (en des temps différents). La possibilité des changements n'est donc pensable que dans le temps. Le temps n'est donc pas pensable à partir des changements, mais inversement.

6. Maintenant, bien que le *temps*, posé en soi et absolument, soit un être imaginaire, il est cependant un concept très vrai en tant qu'il s'applique à la loi immuable des représentations sensibles comme telles, et il est une condition de la représentation intuitive, s'étendant sans exception à tous les objets possibles des sens[66]. En effet puisque les simultanés comme tels ne peuvent se présenter aux sens que dans le temps et que les changements ne sont pensables que dans le temps, il est évident que ce concept contient la forme universelle des phénomènes et qu'ainsi tous les événements observables dans le monde, tous les mouvements et tous les changements internes s'accordent nécessairement avec les axiomes de la connaissance du temps que nous avons en partie exposés, puisque *c'est seulement sous leurs conditions qu'ils peuvent être coordonnés et devenir objets des sens*. Il est par conséquent absurde de vouloir soulever la raison contre les premiers postulats du temps pur, par exemple contre la continuité, etc., puisque ces postulats suivent des lois primitives et antérieures

ipsaque ratio in usu principii contradictionis huius conceptus adminiculo carere non possit; usque adeo est primitivus et originarius.

7. Tempus itaque est *principium formale Mundi sensibilis* absolute primum. Omnia enim quomodocunque sensibilia, non possunt cogitari, nisi vel simul, vel post se invicem posita, adeoque unici temporis tractu quasi involuta, ac semet determinato positu respicientia, ita, ut per hunc conceptum, omnis sensitivi primarium, necessario oriatur Totum formale, quod non est pars alterius h.e. *Mundus phaenomenon*.

§ 15
De Spatio

A. *Conceptus spatii non abstrahitur a sensationibus*
A₂ 19 *externis*. | Non enim aliquid ut extra me positum concipere licet, nisi illud repraesentando tanquam in loco, ab eo, in quo ipse sum, diverso, neque res extra se invicem, nisi illas collocando in spatii diversis locis. Possibilitas igitur perceptionum externarum, qua talium, *supponit* conceptum spatii, non *creat*; sicuti etiam, quae sunt in spatio, sensus afficiunt, spatium ipsum sensibus hauriri non potest.

B. *Conceptus Spatii est singularis repraesentatio* omnia *in se* comprehendens, non *sub se* continens notio abstracta et communis. Quae enim dicis *spatia plura* non sunt, nisi, eiusdem immensi spatii partes, certo positu se invicem

à toutes choses, et que la raison même ne peut se passer du soutien de ce concept quand elle use du principe de contradiction, tant il est primitif et originaire.

7. Le temps est donc un *principe formel* absolument premier *du monde sensible*. Car toutes les choses qui sont de quelque manière sensibles ne peuvent être pensées que si elles sont posées comme simultanées ou successives, et donc comme enveloppées dans le cours d'un temps unique et rapportées l'une à l'autre par une position déterminée. Ainsi naît-il nécessairement de ce concept premier de toute connaissance sensible un tout formel qui n'est pas lui-même partie d'un autre tout, à savoir le *monde phénoménal*.

§ 15
De l'espace

A. *Le concept d'espace n'est pas tiré des sensations externes*. Je ne peux en effet concevoir quelque chose en dehors de moi sans le représenter en un lieu différent de celui où je me trouve, ni concevoir des choses extérieures les unes aux autres sans les placer en différents lieux de l'espace. La possibilité des perceptions extérieures en tant que telles *suppose* donc le concept d'espace et ne le *crée* pas. De la même manière, les choses qui sont dans l'espace affectent les sens, mais l'espace lui-même ne peut être tiré des sens.

B. *Le concept d'espace est une représentation singulière* qui comprend *en elle* toutes choses ; ce n'est pas une notion abstraite et commune contenant *sous elle* toutes choses. Car ce que l'on appelle *plusieurs espaces* ne sont que des parties d'un seul et même espace illimité relatives l'une à l'autre par leur

respicientes, neque pedem cubicum concipere tibi potes, nisi
ambienti spatio quaquaversum conterminum.

C. *Conceptus Spatii itaque est Intuitus purus*; cum sit
conceptus singularis, sensationibus non conflatus, sed omnis
sensationis externae forma fundamentalis. Hunc vero intuitum
purum in Axiomatibus geometriae et qualibet constructione
postulatorum, s. etiam problematum, mentali, animadvertere
proclive est. Non dari enim in spatio plures quam tres dimensiones; inter duo puncta[r] non esse nisi rectam unicam; e dato in
superficie plana puncto cum data recta circulum describere,
etc. non ex universali aliqua spatii notione concludi, sed in ipso
AA 2 403 tantum | velut in concreto *cerni* potest. Quae iaceant in spatio
dato unam plagam versus, quae in oppositam[s] vergant, discursive describi, s. ad notas intellectuales revocari nulla mentis
acie possunt, ideoque, cum in solidis perfecte similibus atque
aequalibus, sed discongruentibus, cuius generis sunt manus
sinistra et dextra (quatenus solum secundum extensionem
concipiuntur) aut triangula sphaerica e duobus hemisphaeriis
oppositis, sit diversitas, per quam impossibile est ut termini
extensionis coincidant, quanquam per omnia, quae notis,
menti per sermonem intelligibilibus, efferre licet, sibi substitui
possint, patet hic non nisi quadam intuitione pura diversitatem,
nempe discongruentiam, notari posse. Hinc Geometria princi-
A₂ 20 piis utitur non indubitatis solum ac discursivis, sed | sub
obtutum mentis cadentibus, et *evidentia* in demonstrationibus
(quae est claritas certae cognitionis, quatenus assimilatur

position déterminée : on ne peut concevoir un pied cube qu'en le concevant limité de toutes parts par l'espace environnant.

C. *Le concept d'espace est donc une intuition pure*, puisqu'il est un concept singulier qui ne provient pas des sensations mais est la forme fondamentale de toute sensation externe. On reconnaît très facilement cette intuition pure dans les axiomes de la géométrie et dans n'importe quelle construction mentale de postulats, ou même de problèmes. On ne peut en effet conclure de quelque notion universelle de l'espace qu'il n'y a pas plus de trois dimensions dans l'espace, qu'il n'y a qu'une seule ligne droite entre deux points, qu'un cercle peut être décrit à partir d'un point donné du plan et d'une ligne droite[67], etc., mais on peut seulement le *voir* dans l'espace comme à l'état concret. Aucune perspicacité de l'esprit ne peut décrire discursivement, c'est-à-dire ramener à des caractères intellectuels, les choses qui sont tournées en un sens et celles qui sont tournées en un sens opposé dans un espace donné. Ainsi entre des solides parfaitement semblables et égaux mais non congruents comme la main gauche et la main droite (si on les considère du seul point de vue de l'étendue)[68], ou entre les triangles sphériques de deux hémisphères opposés, il y a une différence telle qu'il est impossible que les limites de leurs étendues coïncident, bien qu'il est possible de les substituer l'une à l'autre dans ce que l'on peut en dire par des caractères intelligibles à l'esprit. Il est clair que cette différence, à savoir le fait qu'ils ne soient pas congruents, ne peut être caractérisée que par quelque intuition pure. La géométrie se sert ainsi non seulement de principes indubitables et discursifs mais aussi de principes qui tombent sous le regard de l'esprit, et l'*évidence* dans les démonstrations (c'est-à-dire la clarté d'une connaissance certaine, en tant qu'elle est comparable à celle d'une

sensuali) non solum in ipsa est maxima, sed et unica, quae datur in scientiis puris, omnisque *evidentiae* in aliis *exemplar* et medium, quia, cum Geometria *spatii relationes* contempletur, cuius conceptus ipsam omnis intuitus sensualis formam in se continet, nihil potest in perceptis sensu externo clarum esse et perspicuum, nisi mediante eodem intuitu, in quo contemplando scientia illa versatur. Ceterum Geometria propositiones suas universales non demonstrat: obiectum cogitando per conceptum universalem, quod fit in rationalibus, sed illud oculis subiiciendo per intuitum singularem, quod fit in sensitivis[*].

D. *Spatium non est aliquid obiectivi* et realis, nec substantia, nec accidens, nec relatio; *sed subiectivum* et ideale et e natura mentis stabili lege proficiscens veluti schema, omnia omnino externe sensa sibi coordinandi. Qui spatii realitatem defendunt; vel illud ut *absolutum* et immensum rerum possibilium *receptaculum* sibi concipiunt, quae sententia, post

---

[*] Quod spatium necessario concipiendum sit tanquam quantum continuum, cum[j] facile sit demonstratu, hic praetereo. Inde autem fit ut simplex in spatio non sit pars sed terminus. Terminus autem generaliter est id in quanto continuo quod rationem continet limitum. Spatium, quod non est terminus alterius, est *completum* (*solidum*). Terminus solidi est *superficies*, superficiei *linea*, lineae *punctum*. Ergo tria sunt terminorum genera in spatio quemadmodum tres dimensiones. Horum terminorum duo (superficies et linea) ipsi sunt spatia. Conceptus *termini* non ingreditur aliud quantum nisi Spatium aut Tempus.

connaissance issue des sens) est en géométrie non seulement la plus grande mais la seule qui soit donnée dans les sciences pures : cette évidence est le *modèle* et le moyen de parvenir à l'*évidence* dans toutes les autres sciences car, du fait que la géométrie considère les *relations spatiales* et que le concept d'espace contient en lui la forme même de toute intuition sensible, rien ne peut être clair et distinct dans ce qui est perçu par le sens externe que par le moyen de cette intuition – que la géométrie s'attache précisément à étudier. D'ailleurs la géométrie ne démontre pas ses propositions universelles en pensant l'objet à l'aide d'un concept universel, comme c'est le cas des choses rationnelles[69], mais en le mettant sous les yeux dans une intuition singulière, comme dans les connaissances sensibles*.

D. *L'espace n'est pas quelque chose d'objectif* et de réel[71] ; il n'est ni substance, ni accident, ni relation mais quelque chose de *subjectif* et d'idéal provenant de la nature de l'esprit selon une loi fixe, comme un schéma qui coordonne absolument tout ce qui est senti par les sens externes. Ceux qui défendent la réalité de l'espace soit le conçoivent comme le *réceptacle absolu* et illimité des choses possibles – opinion qui, à la suite

---

* Je passe ici sur le fait que l'espace doive être nécessairement conçu comme une grandeur continue, puisqu'il est facile de le démontrer[70]. Il en résulte que le simple dans l'espace n'est pas une partie, mais une limite. Et une limite en général est ce qui, dans une grandeur continue, contient le principe de la délimitation. Un espace qui n'est pas la limite d'un autre est *complet* (*solide*). La limite d'un solide est une *surface*, la limite d'une surface est une *ligne*, la limite d'une ligne est un *point*. Il y a donc trois espèces de limites dans l'espace, comme il y a trois dimensions. Deux de ces limites (la surface et la ligne) sont elles-mêmes des espaces. Le concept de limite ne concerne aucune autre grandeur que l'espace et le temps.

Anglos, Geometrarum plurimis arridet, vel contendunt esse
ipsam rerum existentium relationem, rebus sublatis plane
AA 2 404 evanescentem, | et non nisi in actualibus cogitabilem uti, post
Leibnitzium, nostratum plurimi statuunt. Quod attinet primum
illud inane rationis commentum, cum veras relationes infi-
nitas, absque ullis erga se relatis entibus, fingat, pertinet ad
mundum fabulosum. Verum qui in sententiam posteriorem
abeunt, longe deteriori errore labuntur. Quippe, cum illi
A₂ 21 nonnisi conceptibus | quibusdam rationalibus, s. ad Noumena
pertinentibus offendiculum ponant, ceteroquin intellectui
maxime absconditis e. g. quaestionibus de mundo spirituali, de
omnipraesentia etc. hi ipsis Phaenomenis et omnium phaenomenorum fidissimo interpreti, Geometriae adversa fronte
repugnant. Nam, ne apertum in definiendo spatio circulum,
quo necessario intricantur, in medium proferam, Geometriam,
ab apice certitudinis deturbatam, in earum scientiarum censum
reiiciunt, quarum principia sunt empirica. Nam si omnes spatii
affectiones non nisi per experientiam a relationibus externis
mutuatae sunt, axiomatibus Geometricis non inest universa-
litas, nisi comparativa, qualis acquiritur per inductionem,
h.e. aeque late patens ac observatur, neque necessitas, nisi
secundum stabilitas naturae leges, neque praecisio, nisi
arbitrario conficta, et spes est, ut fit in empiricis, spatium
aliquando detegendi aliis affectionibus primitivis praeditum,
et forte etiam bilineum rectilineum.

des Anglais[72], plaît à la plupart des géomètres – soit ils soutiennent qu'il est la relation *même* des choses existantes, que
cette relation disparaît totalement si l'on supprime les choses et
qu'elle n'est pensable que dans les choses actuelles, comme
l'avance la plupart des philosophes[73] à la suite de Leibniz[74].
En ce qui concerne cette première vaine construction de la
raison, elle appartient au monde des fables puisqu'elle imagine
de vraies relations infinies indépendamment des êtres qui sont
mis en relation[75]. Mais ceux qui suivent la deuxième opinion
succombent à une erreur bien pire encore. De fait, les premiers
ne s'opposent qu'à certains concepts rationnels, précisément à
ceux qui relèvent des noumènes, et qui sont d'ailleurs très
obscurs pour l'entendement (c'est le cas par exemple de ceux
qui interviennent dans la question du monde spirituel, de
l'omniprésence, etc.); mais les seconds sont en contradiction
ouverte avec les phénomènes eux-mêmes et avec leur traduction la plus fidèle, la géométrie. Car sans même parler du cercle
dans lequel ils s'enferment nécessairement dans leur définition
de l'espace, ils font choir la géométrie du sommet de la certitude vers ces sciences dont les principes sont empiriques. Car
si toutes les propriétés de l'espace sont empruntées aux relations extérieures par l'expérience, les axiomes géométriques
n'auront alors d'universalité que comparative, comme on peut
en obtenir par induction – c'est-à-dire une universalité qui se
limite à ce que l'on peut observer – et n'auront d'autre nécessité que la régularité des lois de la nature, ni d'autre précision
qu'établie arbitrairement : et l'on peut espérer découvrir un
jour, à la manière de ce qui se passe dans les matières empiriques, un espace doué de propriétés primitives différentes, et
peut-être même une figure formée de deux lignes droites[76].

E. Quanquam *conceptus spatii*, ut obiectivi alicuius et realis entis vel affectionis, sit imaginarius, nihilo tamen secius, *respective ad sensibilia quaecunque*, non solum est *verissimus*, sed et omnis veritatis in sensualitate externa fundamentum. Nam res non possunt sub ulla specie sensibus apparere, nisi mediante vi animi, omnes sensationes secundum stabilem et naturae suae insitam legem coordinante. Cum itaque nihil omnino sensibus sit dabile, nisi primitivis spatii axiomatibus eiusque consectariis (Geometria praecipiente) conformiter, quanquam horum principium non sit nisi subiectivum, tamen necessario hisce consentiet, quia eatenus[t] sibimet ipsi consentit, et leges sensualitatis erunt leges naturae, *quatenus in sensus cadere potest.* Natura itaque Geometriae praeceptis ad amussim subiecta est, quoad omnes affectiones spatii ibi demonstratas, non ex hypothesi ficta, sed intuitive data, tanquam conditione subiectiva omnium phaenomenorum, quibus unquam natura sensibus patefieri potest. Certe, nisi conceptus spatii per mentis naturam originarie datus esset (ita, ut, qui relationes quascunque alias, quam per ipsum praecipiuntur, | mente effingere allaboraret, operam luderet, | quia hoc ipso conceptu in figmenti sui subsidium uti coactus esset), geometriae in philosophia naturali usus parum tutus foret; dubitari enim posset: an ipsa notio haec ab experientia deprompta[e], satis cum natura consentiat, negatis forsitan, a quibus abstracta[u] erat, determinationibus, cuius aliquibus etiam suspicio in mentem incidit. *Spatium* itaque est *principium formale Mundi sensibilis* absolute primum, non solum

AA 2 405

A₂ 22

E. Bien que le *concept d'espace* considéré comme quelque chose d'objectif, un être réel ou une propriété, soit imaginaire, il est néanmoins non seulement *très vrai* au regard de *toutes les choses sensibles*, mais aussi fondement de toute vérité dans la sensibilité externe. Car les choses ne peuvent sous aucun aspect apparaître aux sens sans l'intervention d'une puissance de l'âme qui coordonne toutes les sensations selon une loi régulière et inscrite dans sa nature. Car puisque absolument rien ne peut être donné aux sens qui ne soit conforme aux axiomes primitifs de l'espace et à leurs conséquences (que nous enseigne la géométrie), le principe des axiomes de l'espace, bien qu'il ne soit que subjectif, s'accordera cependant avec les sens puisqu'il ne s'accorde ainsi qu'avec lui-même, et les lois de la sensibilité seront les lois de la nature *en tant qu'elle peut tomber sous les sens*. C'est pourquoi la nature est strictement soumise aux préceptes de la géométrie du fait que toutes les propriétés de l'espace y sont démontrées à partir d'une hypothèse qui n'est pas inventée mais qui est donnée intuitivement, et qui est comme la condition subjective de tous les phénomènes, par lesquels seuls la nature se révèle aux sens. Assurément, si le concept d'espace n'était originairement donné par la nature de l'esprit (de sorte que celui qui s'efforcerait de se représenter d'autres relations que celles prescrites par l'esprit perdrait son temps puisqu'il serait contraint de recourir à ce même concept pour former sa représentation), l'usage de la géométrie dans la philosophie naturelle serait bien peu fiable. On pourrait en effet douter que cette même notion, qui serait alors tirée de l'expérience, s'accorde suffisamment avec la nature si l'on nie précisément les déterminations dont elle a été abstraite : un tel soupçon est bien venu à l'esprit de quelques uns[77]. *L'espace* est donc un *principe formel* absolument premier *du monde sensible*, non seulement

propterea : quod [v] per illius conceptum obiecta universi possint esse phaenomena, sed potissimum hanc ob rationem, quod per essentiam, non est, nisi unicum, omnia omnino externe sensibilia complectens, adeoque principium constituit *Universitatis* h.e. totius, quod non potest esse pars alterius.

Corollarium [w]

En itaque bina cognitionis sensitivae principia, non, quemadmodum est in intellectualibus, conceptus generales, sed intuitus singulares, attamen puri; in quibus non sicut leges rationis praecipiunt, partes et potissimum simplices continent rationem possibilitatis compositi, sed, secundum exemplar intuitus sensitivi, *infinitum continet rationem partis* cuiusque cogitabilis, ac tandem simplicis, s. potius *termini*. Nam, non nisi dato infinito tam spatio quam tempore, spatium et tempus quodlibet [x] definitum *limitando* est assignabile, et tam punctum quam momentum per se cogitari non possunt, sed non concipiuntur nisi in dato iam spatio et tempore, tanquam horum termini. Ergo omnes affectiones primitivae horum conceptuum sunt extra cancellos rationis, ideoque nullo modo intellectualiter explicari possunt. Nihilo tamen minus sunt *substrata intellectui* [y], e datis intuitive primis, secundum leges logicas, consectaria concludentis, maxima qua fieri potest certitudine. Horum quidem conceptuum *alter* proprie intuitum *obiecti*, *alter statum* concernit, inprimis *repraesentativum*. Ideo etiam spatium *temporis* ipsius conceptui, ceu typus, adhibetur, A[2] 23 repraesentando hoc per *lineam* eiusque | terminos (momenta)

parce que c'est uniquement par son concept que les objets de l'univers peuvent être des phénomènes, mais surtout pour cette raison qu'il est par essence unique et qu'il embrasse absolument toutes les choses sensibles extérieures : l'espace constitue donc le principe de l'*universalité*, c'est-à-dire d'un tout qui ne peut être la partie d'un autre tout[78].

Corollaire

Voici donc les deux principes de la connaissance sensible qui ne sont pas, comme dans la connaissance intellectuelle, des concepts généraux, mais des intuitions singulières et pourtant pures. En elles, ce ne sont pas les parties, et notamment les parties simples, qui contiennent la raison de la possibilité du composé, comme le prescrivent les lois de la raison, mais c'est l'*infini* qui *contient la raison de toute partie* pensable, et donc aussi de toute partie simple ou plutôt de toute *limite*, sur le modèle de l'intuition sensible. Car ce n'est que parce qu'un temps et un espace infinis sont donnés que n'importe quel temps ou espace définis peuvent être déterminés par *limitation*[79] : on ne peut penser un point ou un instant en eux-mêmes, car ils ne sont conçus que comme des limites d'un temps et d'un espace déjà donnés. Toutes les propriétés primitives de ces concepts échappent à la raison et ne peuvent donc en aucune manière être expliquées intellectuellement. Mais l'entendement ne s'appuie pas moins sur elles[80] lorsqu'il tire des conclusions des données premières intuitives selon des lois logiques, avec la plus grande certitude possible. L'un de ces concepts concerne proprement l'intuition de *l'objet*, l'autre l'état avant tout *représentatif*. C'est pour cela que l'espace est employé comme une image[81] du concept de *temps* même, lorsque l'on représente l'espace par une *ligne* et ses limites (les instants) par

per puncta. Tempus autem *universali* atque *rationali conceptui* magis *appropinquat*, complectendo omnia omnino suis respectibus, nempe spatium ipsum et praeterea accidentia, quae in relationibus spatii comprehensa non sunt, uti cogitationes animi. Praeterea autem tempus leges quidem rationi non dictitat, sed tamen praecipuas *constituit conditiones quibus* AA 2 406 faventibus *secundum rationis leges* | *mens notiones suas conferre possit*; sic, quid sit impossibile iudicare non possum, nisi de eodem subiecto *eodem tempore* praedicans A et non A. Et praesertim, si intellectum advertimus ad experientiam, respectus causae[c] et causati[c], in externis quidem obiectis indiget relationibus spatii, in omnibus autem, tam externis, quam internis, nonnisi temporis respectu opitulante quid sit prius, quidnam posterius, s. causa et causatum[c], edoceri mens potest. Et vel ipsius spatii *quantitatem* intelligibilem reddere non licet, nisi illud relatum ad mensuram tanquam unitatem, exponamus numero, qui ipse non est, nisi multitudo numerando, h.e. in tempore dato successive unum uni addendo distincta cognita[z].

Tandem quasi sponte cuilibet oboritur quaestio, utrum *conceptus* uterque sit *connatus*, an *acquisitus*. Posterius quidem per demonstrata iam videtur refutatum, prius autem, quia viam sternit philosophiae pigrorum, ulteriorem quamlibet[α] indagationem per citationem causae[c] primae irritam declaranti[β], non ita temere admittendum est. Verum *conceptus uterque* procul dubio *acquisitus est*, non a sensu quidem obiectorum (sensatio enim materiam dat, non formam cognitionis humanae) abstractus, sed ab ipsa mentis actione, secundum perpetuas leges sensa sua coordinante,

ses *points*. Mais le temps est plus proche d'un *concept univer-sel* et *rationnel* en enfermant dans ses rapports absolument toutes choses, à savoir non seulement l'espace lui-même mais aussi les accidents qui échappent aux relations spatiales, comme les pensées de l'âme. Par ailleurs, le temps ne dicte certes pas ses lois à la raison, mais *il donne cependant les conditions fondamentales qui permettent à l'esprit de rappor-ter ses notions les unes aux autres selon les lois de la raison*; et ainsi je ne peux juger que quelque chose est impossible qu'en affirmant *en même temps* du même sujet *A* et *non A*. Bien plus, si nous tournons l'entendement vers l'expérience, le rapport de la cause et de l'effet – du moins dans les objets extérieurs – implique des relations spatiales, et dans tous les objets, tant intérieurs qu'extérieurs, l'esprit ne peut distinguer ce qui est antérieur ou postérieur, cause ou effet, qu'en recourant aux relations temporelles. Par exemple, on ne peut rendre intelli-gible la *quantité* de l'espace lui-même sans la rapporter à quelque unité de mesure et sans l'exprimer par un nombre : or le nombre n'est qu'une multitude qui n'est connue distincte-ment qu'en comptant, c'est-à-dire en ajoutant successivement une unité à une autre dans un temps donné.

Enfin une question se pose presque d'elle-même à tout un chacun : ces deux *concepts* sont-ils *innés ou acquis*? Le deuxième cas semble bien être déjà réfuté par ce qui a été démontré, mais il ne faut pour autant pas admettre le premier inconsidérément parce qu'il ouvre la voie à une philosophie paresseuse qui, brandissant une cause première, proclame que toute recherche ultérieure est inutile. *Les deux concepts* sont sans aucun doute *acquis*, non qu'ils soient abstraits de la sensa-tion des objets (car la sensation donne la matière et non la forme de la connaissance humaine), mais de l'acte même de l'esprit qui coordonne ce qui est senti selon des lois inva-

quasi typus immutabilis, ideoque intuitive cognoscendus. Sensationes enim excitant hunc mentis actum, non influunt intuitum, neque aliud hic connatum est, nisi lex animi, secundum quam certa ratione sensa sua e praesentia obiecti coniungit.

A₂ 24

| SECTIO IV

De principio formae Mundi intelligibilis

§ 16

Qui spatium et tempus pro reali aliquo et absolute neces-sario omnium possibilium substantiarum et statuum quasi vinculo habent, haud quidquam aliud requiri putant ad conci-piendum: quipote existentibus pluribus quidam respectus originarius competat, ceu influxuum possibilium conditio primitiva et formae essentialis universi principium. Nam quia quaecunque existunt, ex ipsorum sententia necessario sunt alicubi, cur sibi certa ratione praesto sint, inquirere superva-caneum ipsis videtur, quoniam id ex spatii, omnia comprehen-

AA 2 407 dentis, universitate | per se determinetur. Verum praeterquam, quod hic conceptus, uti iam demonstratum est, subiecti potius leges sensitivas quam ipsorum obiectorum conditiones atti-neat, si vel maxime illi realitatem largiaris tamen non denotat, nisi intuitive datam coordinationis universalis possibilitatem, adeoque nihilo minus intacta manet quaestio, non nisi intellectui solubilis: *quonam principio ipsa haec relatio*

riables ; ils sont comme des images immuables du sensible [82] et doivent donc être connus intuitivement. Les sensations provoquent donc cet acte de l'esprit mais ne forcent pas l'intuition : seule est ici innée la loi de l'âme qui unit selon un rapport déterminé les sensations résultant de la présence de l'objet [83].

Section iv

Sur le principe de la forme du monde intelligible

§ 16

Ceux qui tiennent l'espace et le temps pour quelque chose de réel et pour une sorte de lien absolument nécessaire entre toutes les substances et leurs états possibles, pensent que cela suffit pour concevoir comment un certain rapport originaire, qui est à la fois une condition primitive des influences possibles [84] et un principe de la forme essentielle de l'univers, convient à la multiplicité des existants. En effet, comme tout ce qui existe est d'après eux nécessairement situé quelque part, il leur semble inutile de chercher pourquoi tout se présente sous un certain rapport puisque cela est en soi déterminé par l'universalité de l'espace qui comprend toutes choses. En réalité, outre que le concept d'espace concerne davantage, comme on l'a déjà démontré, les lois sensibles du sujet que les conditions des objets eux-mêmes, il ne dénote cependant rien d'autre – même en lui octroyant toute la réalité que l'on veut – que la possibilité donnée dans l'intuition d'une coordination universelle. Reste donc entière la question que seul l'entendement peut résoudre : *sur quel principe s'appuie cette relation exis-*

omnium substantiarum nitatur quae intuitive spectata vocatur
spatium. In hoc itaque cardo vertitur quaestionis de principio
formae mundi intelligibilis, ut pateat : quonam pacto possibile
sit, *ut plures substantiae in mutuo sint commercio*, et hac
ratione pertineant ad idem totum, quod dicitur Mundus.
Mundum autem hic non contemplamur quoad materiam, i.e.
substantiarum, quibus constat, naturas, utrum sint materiales,
an immateriales, sed quoad Formam, h.e. quipote generatim
inter plures locum habeat Nexus et inter omnes Totalitas.

§ 17

Datis pluribus substantiis, *principium commercii*[γ] inter
illas possibilis *non sola ipsarum existentia constat*, sed aliud
quid praeterea requiritur, ex quo relationes mutuae intelli-
gantur. Nam propter ipsam subsistentiam non respiciunt
A₂ 25 aliud quicquam necessario, nisi forte | sui causam[c], at causati[c]
respectus ad causam[c] non est commercium, sed dependentia.
Igitur, si quoddam illis cum aliis[δ] commercium intercedat,
ratione peculiari, hoc praecise determinante, opus est.

Et in hoc quidem consistit influxus physici πρῶτον
ψεῦδος, secundum vulgarem ipsius sensum : quod commercium substantiarum et vires transeuntes per solam ipsarum
existentiam affatim cognoscibiles temere sumat, adeoque
non tam sit systema aliquod, quam potius omnis syste-
matis philosophici, tanquam in hoc argumento superflui,
neglectus. A qua macula, si hunc conceptum liberamus,

tant entre toutes les substances qui, considérée intuitivement,
est appelée l'espace ? Toute la question du principe de la forme
du monde intelligible repose donc sur la manière dont il
est possible que *plusieurs substances soient en commerce*
mutuel[85] et appartiennent ainsi à un même tout qu'on appelle le
monde. Nous ne considérons pas ici le monde du point de vue
de la matière, c'est-à-dire de la nature des substances qui le
constituent, qu'elles soient matérielles ou immatérielles, mais
nous le considérons du point de vue de la forme, c'est-à-dire
comment a lieu en général la liaison entre plusieurs substances
et la totalité entre elles toutes.

§ 17

Plusieurs substances étant données, *le principe de leur*
commerce possible ne vient pas de leur seule existence, mais
quelque chose d'autre est encore requis pour comprendre leurs
relations mutuelles[86]. Car par leur subsistance même, elles ne
se rapportent pas nécessairement à quelque chose d'autre, si ce
n'est peut-être à leur cause : mais le rapport de l'effet à la cause
ne constitue pas un commerce mais un rapport de dépendance.
S'il y a donc un certain commerce entre celles-ci et d'autres
substances, il faut qu'il y ait une raison particulière qui le
détermine précisément.

Et c'est en cela que consiste l'erreur fondamentale
(πρῶτον ψεῦδος) de l'influence physique dans son acception
vulgaire[87] : admettre sans raison qu'il existe un commerce
des substances et des forces communicables suffisamment
connaissables en vertu de la seule existence des substances. Ce
n'est donc pas tant un système qu'une indifférence à tout
système philosophique compris comme absolument inutile en
la matière. Si nous éliminons ce défaut du concept, nous

habemus commercii genus, quod unicum reale dici et a quo
mundi Totum reale non ideale aut imaginarium dici meretur.

§ 18

Totum e substantiis necessariis est impossibile. Quoniam
enim sua cuique existentia abunde constat, citra omnem ab alia
quavis dependentiam, quae plane in necessaria non cadit,
AA 2 408 patet : non solum commercium | substantiarum (h.e. dependen-
tiam statuum reciprocam) ex ipsarum existentia non consequi
sed ipsis tanquam necessariis competere omnino non posse.

§ 19

Totum itaque substantiarum est totum contingentium et
Mundus, per suam essentiam, meris constat contingentibus.
Praeterea nulla substantia necessaria est in nexu cum
mundo, nisi ut causa[c] cum causato[c], ideoque non ut pars cum
complementis suis ad totum (quia nexus compartium est
mutuae dependentiae quae in ens necessarium non cadit).
Causa[c] itaque mundi est ens extramundanum, adeoque non
est Anima Mundi, nec praesentia ipsius in mundo est localis,
sed virtualis.

§ 20

Substantiae mundanae sunt entia ab alio, sed non
a diversis, sed *omnia ab Uno.* Fac enim illas esse
causata[c] plurium entium necessariorum : in commercio
non essent effectus, quorum causae[c] ab omni relatione

obtenons un genre de commerce qui seul mérite d'être dit réel et par lequel seul le tout du monde mérite d'être dit réel et non idéal ou imaginaire.

§ 18

Un tout fait de substances nécessaires est impossible. En effet, puisque l'existence de chaque substance repose entièrement sur elle-même, et sans dépendre de quelque autre substance qui ne serait alors pas du tout nécessaire, il est évident non seulement que le commerce des substances (c'est-à-dire la dépendance réciproque de leurs états) ne résulte pas de leur existence, mais aussi qu'il ne peut absolument pas convenir à des substances nécessaires.

§ 19

Le tout des substances est donc un tout de contingents, et *le monde en son essence est constitué de purs contingents*. De plus, aucune substance nécessaire n'est en liaison avec le monde, à moins qu'il n'y ait une liaison de cause à effet, qui n'est donc pas la liaison d'une partie à ses compléments dans un tout (puisque la liaison des parties complémentaires est de mutuelle dépendance, ce qui ne concerne pas un être nécessaire). La cause du monde est donc un être extérieur au monde[88] : ce n'est donc pas une âme du monde et sa présence dans le monde n'est pas locale mais virtuelle[89].

§ 20

Les substances du monde sont des êtres qui dérivent d'un autre être[90], *non de plusieurs, mais toutes d'un seul.* Supposons en effet qu'elles soient causées par plusieurs êtres nécessaires : les effets provenant de causes qui n'ont aucune relation

A₂ 26 mutua sunt alienae. Ergo Unitas *in coniunctione* | *substantiarum universi est consectarium dependentiae omnium ab Uno*. Hinc forma universi testatur de causa[c] materiae et nonnisi *causa[c] universorum unica*, est *causa[c] Universitatis*, neque est mundi *Architectus*, qui non sit simul *creator*.

§ 21

Si plures forent causae[c] primae ac necessariae cum suis causatis[c], eorum opificia essent *Mundi* non *Mundus* quia nullo modo connecterentur ad idem Totum, et vice versa[ε] si sint plures Mundi extra se actuales, dantur plures causae[c] primae ac necessariae, ita tamen, ut nec Mundus unus cum altero, nec causa[c] unius cum mundo causato[c] alterius in ullo sint commercio[γ].

Plures itaque mundi extra se actuales *non per ipsum sui conceptum sunt impossibiles* (uti Wolffius per notionem complexus s. multitudinis, quam ad totum, qua tale, sufficere putavit, perperam conclusit), sed sub sola hac conditione *si unica tantum existat causa[c] omnium necessaria*. Si vero admittantur plures *erunt plures mundi*, in sensu strictissimo metaphysico, *extra se possibiles*.

AA 2 409

| § 22

Si, quemadmodum a dato mundo ad causam[c] omnium ipsius partium unicam valet consequentia, ita etiam vice versa[ε] a data causa[c] communi omnibus ad nexum horum inter se,

mutuelle ne sauraient avoir de commerce entre eux. L'UNITÉ *dans la conjonction des substances de l'univers est donc la conséquence de la dépendance de toutes les substances à un être*. Ainsi la forme de l'univers témoigne de la cause de la matière : seule *la cause unique de toutes les choses est la cause de son universalité*, et il ne peut y avoir d'*architecte* du monde qui ne soit en même temps son *créateur*.

§ 21

S'il y avait plusieurs causes premières et nécessaires accompagnées de leurs effets, leurs œuvres feraient *des mondes* et non *un monde*, puisqu'elles ne seraient d'aucune manière réunies en un même tout; et réciproquement, s'il y avait plusieurs mondes actuels extérieurs les uns aux autres, il y aurait plusieurs causes premières et nécessaires de sorte qu'il n'y ait aucun commerce entre un monde et un autre, ni entre la cause d'un monde et le monde causé par une autre cause.

L'existence de plusieurs mondes actuels extérieurs les uns aux autres *n'est pas impossible dans son concept même* (ce que Wolff a faussement conclu de la notion de complexe, ou de multitude, dont il a cru qu'elle suffisait à la notion d'un tout comme tel)[91] mais *à cette seule condition qu'il n'existe qu'une unique cause nécessaire de toutes choses*. Car si l'on admet plusieurs causes, alors *plusieurs mondes extérieurs les uns aux autres seront possibles* au sens métaphysique le plus strict.

§ 22

Tout comme l'on conclut légitimement d'un monde donné à la cause unique de ses parties, alors si l'on pouvait à l'inverse par un raisonnement semblable conclure d'une cause commune donnée à la liaison de toutes choses entre elles et

adeoque ad formam Mundi, similiter procederet argumentatio (quanquam fateor hanc conclusionem mihi non aeque perspicuam videri), nexus substantiarum primitivus non foret contingens, sed, *per sustentationem* omnium *a principio communi*, necessarius, adeoque harmonia proficiscens ab ipsa earum subsistentia, fundata in causa[c] communi, procederet secundum regulas communes. *Harmoniam* autem talem voco *generaliter stabilitam*, cum illa, quae locum non habet, nisi quatenus status quilibet substantiae individuales adaptantur statui alterius, sit *harmonia singulariter stabilita* et commercium e priori harmonia sit reale et *physicum*, e posteriori autem ideale et *sympatheticum.* | Commercium itaque omne substantiarum universi est *externe stabilitum* (per causam[c] omnium communem), et vel generaliter stabilitum, per influxum physicum (emendatiorem), vel individualiter ipsarum statibus conciliatum, posterius autem, vel per primam cuiusvis substantiae constitutionem *originarie* fundatum, vel, *occasione* cuiuslibet mutationis impressum, quorum illud *Harmonia praestabilita* hoc *occasionalismus*[ç] audit. Si itaque per sustentationem omnium substantiarum ab uno, *necessaria* esset *coniunctio* omnium qua constituunt Unum, commercium substantiarum universale erit per *Influxum physicum*, et Mundus totum reale; sin minus, commercium erit sympatheticum (h.e. harmonia absque vero commercio) et Mundus non nisi totum ideale. Mihi quidem, quanquam non demonstratum, tamen abunde etiam aliis ex rationibus probatum est prius.

A₂ 27

Scholion

Si pedem aliquantulum ultra terminos certitudinis apodicticae, quae Metaphysicam decet, promovere fas

donc à la forme du monde (mais j'avoue que cette conclusion ne me paraît pas aussi claire), la liaison primitive des substances ne serait pas contingente mais nécessaire puisque toutes les substances seraient *soutenues*[92] *par un principe commun* et que leur harmonie, provenant de leur subsistance même et fondée sur une cause commune, suivrait des règles communes. Je dis qu'une telle *harmonie* est *établie généralement*, alors que celle qui n'a lieu que lorsque les états spécifiques d'une substance s'adaptent à l'état d'une autre substance est une *harmonie établie spécifiquement* : par la première, le commerce est réel et *physique*, par la seconde il est idéal et *par affinité*[93]. Tout commerce des substances de l'univers est donc *établi par quelque chose d'extérieur* (la cause commune à toutes choses), soit généralement par l'influence physique (bien comprise)[94], soit spécifiquement par l'accord de leurs états : et dans ce cas, il est soit fondé *originairement* dans la constitution fondamentale de chaque substance[95] – et c'est *l'harmonie préétablie* – soit imposé à l'*occasion* de chaque changement – et c'est l'*occasionalisme*[96]. Ainsi, si la *conjonction* de toutes substances, qui forment une unité, était *nécessaire* du fait que toutes les substances sont soutenues par un seul être, alors le commerce universel des substances se ferait par une *influence physique* et le monde serait un tout réel ; dans le cas contraire, le commerce se ferait par affinité (et serait donc une harmonie sans vrai commerce) et le monde ne serait qu'un tout idéal. Bien que non démontrée, la première hypothèse me semble toutefois suffisamment prouvée par d'autres raisons.

Scolie

S'il était permis de s'avancer un peu hors des limites de la certitude apodictique qui convient à la métaphysique[97], il

esset, operae pretium videtur: quaedam, quae pertinent ad intuitus sensitivi non solum leges, sed etiam causas[c], *per intellectum* tantum cognoscendas indagare. Nempe mens humana non afficitur ab externis, mundusque ipsius adspectui non patet in infinitum, nisi *quatenus ipsa cum omnibus aliis sustentatur ab eadem Vi infinita Unius.* Hinc non sentit externa, nisi per

AA 2 410 praesentiam | eiusdem causae[c] sustentatricis communis, ideoque spatium, quod est conditio universalis et necessaria compraesentiae omnium sensitive cognita, dici potest Omnipraesentia phaenomenon. (Causa[c] enim universi non est omnibus atque singulis propterea praesens, quia est in ipsorum locis, sed sunt loca, h.e. relationes substantiarum possibiles, quia omnibus intime praesens est.) Porro, quoniam possibilitas mutationum et successionum omnium, cuius principium, quatenus sensitive cognoscitur, residet in conceptu Temporis, supponit perdurabilitatem subiecti, cuius status oppositi succedunt, id

A2 28 autem, cuius status fluunt, non durat, | nisi sustentetur ab alio: conceptus temporis tanquam unici infiniti et immutabilis*, in quo sunt et durant omnia, est *causae* generalis *aeternitas, phaenomenon.* Verum consultius videtur: littus legere cognitionum per intellectus nostri mediocritatem nobis conces-

---

* Temporis momenta non sibi videntur succedere, quia hoc pacta aliud adhuc tempus ad momentorum successionem praemittendum esset; sed per intuitum sensitivum *actualia quasi per seriem continuam momentorum descendere videntur.*

semble que cela vaudrait la peine d'approfondir un certain nombre de choses concernant non seulement les lois mais aussi les causes de l'intuition sensible, que seul l'*entendement* peut connaître. Car l'esprit humain n'est affecté par les choses extérieures, et le monde ne s'offre indéfiniment à sa vue, que si l'esprit lui-même est soutenu, avec toutes les autres choses, *par la même puissance infinie d'un être unique*. L'esprit ne sent donc les choses extérieures que par la présence de la même cause sous-jacente commune[98], et ainsi l'espace, qui est la condition universelle et nécessaire, connue de manière sensible, de la présence simultanée de toutes choses peut être appelé l'OMNIPRÉSENCE PHÉNOMÉNALE. (En effet, la cause de l'univers n'est pas présente à toutes et à chacune parce qu'elle se trouverait par avance dans les lieux qu'elles occupent, mais il n'y a au contraire de lieu, c'est-à-dire de relation possible entre substances, que parce que la cause de l'univers est intimement présente à toutes). De plus, puisque la possibilité de tout changement et de toute succession – dont le principe, connu de manière sensible, réside dans le concept de temps – suppose la permanence d'un sujet dont les états opposés se succèdent[99]; et puisque d'autre part ce dont les états se succèdent ne peut durer que s'il est soutenu par autre chose, alors le concept d'un temps unique, infini et immuable*, dans lequel toutes choses sont et durent, est l'ÉTERNITÉ PHÉNOMÉNALE de la cause générale[100]. Il semble toutefois plus avisé d'en rester au rivage des connaissances que notre médiocre entendement peut atteindre,

---

* Les instants du temps ne semblent pas devoir se succéder parce que, s'il en était ainsi, il faudrait supposer un autre temps dans lequel prendrait place la succession des instants; mais il semble plutôt que, du fait de l'intuition sensible, ce sont les choses actuelles qui se déroulent comme dans une série continue d'instants.

sarum, quam in altum indagationum eiusmodi mysticarum provehi, quemadmodum fecit Malebranchius[m], cuius sententia ab ea, quae hic exponitur, proxime abest: *nempe nos omnia intueri in Deo*.

SECTIO V

**De Methodo circa sensitiva et intellectualia
in Metaphysicis**

§ 23

In omnibus scientiis, quarum principia intuitive dantur, vel per intuitum sensualem (experientiam), vel per intuitum sensitivum quidem, at purum (conceptus spatii, temporis et numeri), h.e. in scientia naturali, et Mathesi, *usus dat Methodum* et tentando atque inveniendo, postquam scientia ad amplitudinem aliquam et concinnitatem provecta est, elucescit: qua via atque ratione incedendum sit, ut fiat consummata et abstersis maculis, tam errorum quam confusarum cogitationum, purior nitescat; perinde ac Grammatica, post usum uberiorem sermonis, stilus post poëmatum, aut orationum elegantia exempla, regulis et disciplinae ansam praebuerunt. *Usus* autem *intellectus* in talibus scientiis, | quarum tam conceptus primitivi, quam axiomata sensitivo intuitu dantur, non est nisi *logicus* h.e. per quem tantum cognitiones sibi invicem subordinamus quoad universalitatem conformiter principio contradictionis, phaenomena phaenomenis

AA 2 411

plutôt que de s'aventurer sur la haute mer des recherches mystiques, comme celles de Malebranche, dont l'opinion (*à savoir que nous voyons tout en Dieu*) [101] se distingue finement de celle qui a été exposée ici.

SECTION V

Sur la méthode à suivre en métaphysique concernant les connaissances sensibles et intellectuelles [102]

§ 23

De toutes les sciences dont les principes sont donnés intuitivement, que ce soit par l'intuition issue des sens (l'expérience) ou par l'intuition certes sensible mais pure (les concepts d'espace, de temps et de nombre), c'est-à-dire dans les sciences de la nature ou dans les mathématiques, c'est *l'usage qui donne la méthode* : après qu'une science ait atteint un certain développement et un certain agencement, c'est en essayant et en inventant que l'on voit apparaître la voie et la manière qu'il faut suivre pour l'achever et pour qu'elle brille avec plus de clarté, une fois délivrée du brouillard des erreurs et des pensées confuses. C'est de cette manière que la grammaire, après avoir été employée en de nombreux discours, et que le style, une fois trouvés des exemples élégants en poésie et en rhétorique, ont pu recevoir des règles et être enseignés. Mais dans les sciences où les concepts primitifs aussi bien que les axiomes sont donnés par l'intuition sensible [103], l'*usage de l'entendement* n'est que *logique*, c'est-à-dire qu'il ne nous sert qu'à subordonner les connaissances les unes aux autres selon leur universalité et conformément au principe de contradiction, à subordonner les phénomènes aux phénomènes plus

generalioribus, consectaria intuitus puri axiomatibus intui-
tivis. Verum in Philosophia pura, qualis est Metaphysica, in
qua *usus intellectus* circa principia est *realis*, h.e. conceptus
A₂ 29 rerum | et relationum primitivi atque ipsa axiomata per ipsum
intellectum purum primitive dantur, et, quoniam non sunt
intuitus, ab erroribus non sunt immunia, *Methodus antevertit
omnem scientiam* et quidquid tentatur ante huius praecepta,
probe excussa et firmiter stabilita, temere conceptum et inter
vana mentis ludibria reiiciendum videtur. Nam, cum rectus
rationis usus hic ipsa principia constituat, et tam obiecta,
quam, quae de ipsis cogitanda sunt, axiomata per ipsius
indolem solam primo innotescant, expositio legum rationis
purae est ipsa scientiae genesis, et earum a legibus supposi-
ticiis distinctio criterium veritatis. Hinc, quoniam methodus
huius scientiae hoc tempore celebrata non sit, nisi qualem
Logica omnibus scientiis generaliter praecipit, illa autem,
quae singulari Metaphysicae ingenio sit accomodata, plane
ignoretur, mirum non est, quod huius indaginis studiosi saxum
suum Sisypheum volvendo in aevum vix aliquid adhucdum
profecisse videantur. Quanquam autem mihi hic nec animus
est nec copia, fusius de tam insigni et latissime patenti
argumento disserendi, tamen, quae partem huius methodi haud
contemnendam constituunt, nempe *sensitivae cognitionis cum
intellectuali contagium*, non quatenus solum incautis obrepit
in applicatione principiorum, sed ipsa principia spuria sub
specie axiomatum effingit, brevibus iam adumbrabo.

généraux, et à subordonner ce qui provient de l'intuition pure aux axiomes de l'intuition. Mais dans la philosophie pure (dont la métaphysique fait partie), où l'*usage de l'entendement* à l'égard des principes est *réel*, c'est-à-dire où les concepts primitifs des choses et des relations, ainsi que les axiomes eux-mêmes, sont donnés primitivement par l'entendement pur lui-même – lesquels sont susceptibles d'erreur puisque ce ne sont pas des intuitions – *la méthode précède toute science* : et tout ce qui est entrepris avant d'avoir parfaitement examiné et fermement établi les préceptes de cette méthode est conçu inconsidérément et semble devoir être rejeté parmi les vains amusements de l'esprit. Car puisque c'est le droit usage de la raison qui forme ici les principes mêmes, et puisque tant les objets que les axiomes qu'il faut penser à leur sujet ne sont d'abord connus que par leur seule nature rationnelle, alors l'exposition des lois de la raison pure est la genèse même de la science, et la distinction de ces lois d'avec des lois présumées est un critère de vérité. Or puisque la méthode de cette science n'est pas très répandue de nos jours, en dehors de ce que la logique prescrit à toutes les sciences en général, et que la méthode appropriée à l'esprit de la métaphysique est tout simplement ignorée, il n'est pas étonnant que ceux qui mènent ces recherches semblent n'avoir fait jusqu'à présent presque aucun progrès, à force de rouler sans fin leur rocher de Sisyphe. Or bien que je n'aie pas ici l'intention – et que je n'aie pas les ressources – de discuter d'une matière si éminente et si étendue, j'esquisserai toutefois brièvement ce qui constitue une partie non méprisable de cette méthode, *à savoir celle qui traite de la contagion de la connaissance intellectuelle par la connaissance sensible* [104], non seulement en tant qu'elle égare les imprudents dans l'application des principes, mais en tant qu'elle forge, sous couvert d'axiomes, de pseudo-principes [105].

§ 24

Omnis Metaphysicae circa sensitiva atque intellectualia methodus ad hoc potissimum praeceptum redit : sollicite cavendum esse, *ne principia sensitivae cognitionis domestica terminos suos migrent ac intellectualia afficiant.* Nam quia *praedicatum* in quolibet iudicio intellectualiter enuntiato, *est conditio,* absque qua subiectum cogitabile non esse asseritur, adeoque praedicatum sit cognoscendi principium ; si est conceptus sensitivus, non erit nisi conditio sensitivae cognitionis possibilis, adeoque apprime quadrabit AA 2 412 in subiectum iudicii, cuius conceptus itidem est | sensitivus. At si admoveatur conceptui intellectuali, iudicium tale non A₂ 30 nisi secundum leges subiectivas | erit validum, hinc de notione intellectuali ipsa non praedicandum et obiective efferendum, sed tantum *ut conditio, absque qua sensitivae cognitioni conceptus dati locus non est*. Quoniam autem

---

* Foecundus et facilis est huius criterii usus in dinoscendis principiis, quae tantum leges cognitionis sensitivae enuntiant, ab iis, quae praeterea aliquid circa obiecta ipsa praecipiunt. Nam si praedicatum sit conceptus intellectualis, respectus ad subiectum iudicii, quantumvis sensitive cogitatum, denotat semper notam obiecto ipso [η] competentem. At *si praedicatum sit conceptus sensitivus,* quoniam leges cognitionis sensitivae non sunt conditiones possibilitatis rerum ipsarum, *de subiecto* iudicii *intellectualiter cogitato* non valebit, adeoque obiective enuntiari non poterit. Sic in vulgari illo axiomate ; *quicquid existit est alicubi,* cum praedicatum contineat conditiones cognitionis sensitivae, non poterit de subiecto iudicii, nempe *existenti* quolibet, generaliter enuntiari ; adeoque formula haec obiective praecipiens falsa est. Verum si convertatur propositio, ita ut praedicatum fiat conceptus intellectualis, emerget verissima, uti : *quicquid est alicubi, existit.*

§ 24

Toute la méthode de la métaphysique concernant les connaissances sensibles et intellectuelles revient à ce précepte essentiel : il faut soigneusement prendre garde à ce que *les principes domestiques de la connaissance sensible ne sortent pas de leurs limites et n'affectent les connaissances intellectuelles*. Car puisque dans tout jugement formulé intellectuellement, le *prédicat* est la *condition* sans laquelle le sujet n'est pas pensable, alors le prédicat est principe de connaissance : si le prédicat est un concept sensible, il sera uniquement la condition d'une connaissance sensible possible et, dans un jugement, il s'accordera en premier lieu avec un sujet dont le concept est lui aussi sensible. Et si on appliquait ce prédicat à un concept intellectuel, un tel jugement ne serait valide que selon des lois subjectives : il ne faut donc pas affirmer ce prédicat objectivement d'une notion intellectuelle, mais l'affirmer comme *une condition sans laquelle il ne peut y avoir de connaissance sensible du concept donné**. Et tout comme

---

* L'usage de ce critère pour distinguer les principes qui énoncent seulement les lois de la connaissance sensible de ceux qui disent en outre quelque chose des objets eux-mêmes est facile et fécond. Car si le prédicat est un concept intellectuel, la relation au sujet du jugement dénote toujours un caractère qui s'applique à l'objet lui-même, à quelque degré de la sensibilité que soit pensé le sujet. Mais *si le prédicat est un concept sensible*, du fait que les lois de la connaissance sensible ne sont pas les conditions de possibilité des choses elles-mêmes, il ne vaudra pas pour le *sujet, pensé intellectuellement*, d'un jugement et ne pourra donc être énoncé objectivement. Ainsi dans l'axiome courant « tout ce qui existe est quelque part », puisque le prédicat contient les conditions de la connaissance sensible, il ne pourra être énoncé du sujet du jugement en général, à savoir de tout *existant*, de sorte que la proposition est fausse si on l'entend objectivement. Mais si on la convertit de sorte que le prédicat devienne un concept intellectuel [106], elle se révèle on ne peut plus vraie, à savoir : *tout ce qui est quelque part, existe.*

praestigiae intellectus, per subornationem conceptus sensitivi, tanquam notae intellectualis, dici potest (secundum analogiam significatus recepti) *vitium subreptionis*, erit permutatio intellectualium et sensitivorum *vitium subreptionis Metaphysicum* (*phaenomenon intellectuatum*, si barbarae voci venia est), adeoque axioma tale *hybridum*, quod sensitiva pro necessario adhaerentibus conceptui intellectuali venditat, mihi vocatur *axioma subrepticium*. Et ex hisce quidem axiomatibus spuriis prodierunt principia fallendi intellectus per omnem Metaphysicam pessime grassata. Ut autem habeamus, quod in promptu sit et luculenter cognoscibile, horum iudicorum criterium et veluti Lydium lapidem, quo illa dinoscamus a genuinis, simulque, si forsan firmiter adhaerere intellectui videantur, artem quandam docimasticam, cuius ope, quantum pertineat ad sensitiva quantum ad intellectualia, aequa fieri possit aestimatio, altius in hanc quaestionem descendendum esse puto.

§ 25

En igitur Principium reductionis axiomatis cuiuslibet subrepticii: *Si de conceptu quocunque intellectuali genera-* A₂ 31 *liter quicquam │ praedicatur, quod pertinet ad respectus* spatii atque temporis : *obiective non est enuntiandum* [θ] *et non denotat* AA 2 413 *nisi conditionem, sine qua conceptus datus │ sensitive cogno-scibilis non est.* Quod eiusmodi axioma sit spurium et, si non falsum, saltim temere et precario assertum, inde liquet : quia, cum subiectum iudicii, intellectualiter concipiatur [ι], pertinet ad

l'illusion de l'entendement qui consiste à traiter fallacieuse-
ment un concept sensible comme un caractère intellectuel peut
être appelée (par analogie avec l'acception reçue) un *vice de
subreption*, la confusion de ce qui est sensible et intellectuel
sera un vice métaphysique de subreption (un *phénomène
intellectualisé*, si l'on m'accorde cette expression barbare), et
j'appelle donc un tel axiome *hybride*, qui cherche à faire passer
ce qui est sensible pour appartenant nécessairement à un
concept intellectuel, un *axiome subreptice*. Et de ces pseudo-
principes sont sortis des principes fallacieux pour l'entendement, qui se sont très malheureusement répandus dans toute la
métaphysique. Mais je pense qu'il faut approfondir plus avant
cette question si l'on veut parvenir à un critère à la fois clair et
opératoire pour identifier ces jugements et avoir comme une
pierre de touche pour les distinguer des véritables jugements,
et pour avoir en même temps, s'ils s'avèrent par hasard être
fermement enracinés dans l'entendement, un certain art de
l'essai [107] qui permette d'apprécier précisément ce qui relève
des connaissances sensibles et ce qui relève des connaissances
intellectuelles.

§ 25

Voici donc le PRINCIPE DE RÉDUCTION de tout axiome
subreptice : *si on affirme de manière générale d'un concept
intellectuel quelconque quelque chose qui relève d'une relation* D'ESPACE ET DE TEMPS, *alors il ne faut pas l'affirmer objectivement car cela n'exprime que la condition sans laquelle un
concept donné ne peut être connu de manière sensible.* Qu'un
axiome de cette sorte soit un pseudo-axiome et, s'il n'est pas
faux, du moins affirmé sans précaution et de manière incer-
taine, s'explique par le fait que le sujet du jugement se rapporte
à l'objet puisqu'il est pensé intellectuellement, alors que le

obiectum, praedicatum autem, cum determinationes spatii ac temporis contineat, pertinet tantum ad conditiones sensitivae cognitionis humanae, quae, quia non cuilibet cognitioni eiusdem obiecti necessario adhaeret, de dato conceptu intellectuali universaliter enuntiari non potest. Quod autem intellectus huic subreptionis vitio tam facile subiiciatur, inde est : quia sub patrocinio alius cuiusdam regulae verissimae deluditur. Recte enim supponimus : *quicquid ullo plane intuitu cognosci non potest, prorsus non esse cogitabile*, adeoque impossibile. Quoniam autem alium intuitum, praeter eum, qui fit secundum formam spatii ac temporis, nullo mentis conatu ne fingendo quidem assequi possumus, accedit : ut omnem omnino intuitum, qui hisce legibus adstrictus non est, pro impossibili habeamus (intuitum purum intellectualem et legibus sensuum exemptum[k], qualis est divinus, quem Plato vocat Ideam, praetereuntes), ideoque omnia possibilia axiomatibus sensitivis spatii ac temporis subiiciamus.

§ 26

Omnes autem sensitivarum cognitionum sub specie intellectualium praestigiae, e quibus oriuntur axiomata subrepticia ad tres species revocari possunt, quarum formulas generales has habeto :

1. Eadem conditio sensitiva, sub qua sola *Intuitus* obiecti est possibilis, est conditio ipsius *possibilitatis obiecti*.

2. Eadem conditio sensitiva, sub qua sola *data sibi conferri possunt ad formandum conceptum obiecti intellectualem*, est etiam conditio ipsius possibilitatis obiecti.

prédicat, puisqu'il contient des déterminations d'espace et de temps, se rapporte seulement aux conditions de la connaissance sensible humaine, laquelle ne peut être affirmée universellement du concept intellectuel donné puisqu'elle ne se rattache pas nécessairement à toute connaissance du même objet. Mais que l'entendement succombe si facilement à ce vice de subreption vient de ce qu'il est trompé par l'ascendant d'une autre règle qui est, elle, très vraie. Nous supposons en effet avec raison que *tout ce qui ne peut être connu par aucune intuition n'est tout simplement pas pensable*, et est donc impossible. Or comme nous ne pouvons par aucun effort de l'esprit ni aucune imagination parvenir à une autre intuition que celle qui advient selon la forme de l'espace et du temps, on en vient à tenir pour absolument impossible toute intuition qui n'est pas soumise à ces lois (oubliant au passage l'intuition pure intellectuelle qui est soustraite aux lois des sens – comme cette intuition divine que Platon appelle idée [108]) : nous soumettons alors tous les possibles aux axiomes sensibles de l'espace et du temps.

§ 26

Toutes les illusions où des connaissances sensibles prennent l'aspect de connaissances intellectuelles – d'où naissent les axiomes subreptices – peuvent se ramener à trois espèces dont on peut retenir les formules générales suivantes :

1. La même condition sensible sous laquelle seule *l'intuition* d'un objet est possible est la condition de *possibilité même de l'objet.*

2. La même condition sensible sous laquelle seule *des données peuvent être rapportées les unes aux autres pour former un concept intellectuel de l'objet* est aussi la condition de possibilité même de l'objet.

3. Eadem conditio sensitiva, sub qua *subsumptio*[κ] *obiecti* alicuius obvii *sub dato conceptu intellectuali* solum possibilis est, est etiam conditio possibilitatis ipsius obiecti.

A₂ 32 | § 27

Axioma subrepticium primae classis est: *Quicquid est, est alicubi et aliquando*[*]. Hoc vero principio spurio omnia AA 2 414 entia, etiam si intellectualiter | cognoscantur, conditionibus spatii atque temporis in existendo adstringuntur. Hinc de substantiarum immaterialium (quarum tamen eandem ob causam[c] nullus datur intuitus sensitivus, nec sub tali forma repraesentatio) locis in universo corporeo, de sede Animae, et id genus aliis quaestiones iactant inanes, et cum sensitiva

---

[*] Spatium et tempus concipiuntur, quasi omnia sensibus ulla ratione obvia *in se* comprehendant. Ideo non datur secundum leges mentis humanae ullius entis intuitus, nisi ut *in spatio ac tempore* contenti. Comparari huic praeiudicio potest aliud, quod proprie non est axioma subrepticium, sed ludibrium phantasiae, quod ita exponi posset generali formula: Quicquid existit, *in illo est spatium et tempus* h.e. omnis substantia est *extensa* et continuo *mutata*. Quanquam enim, quorum conceptus sunt crassiores, hac imaginandi lege firmiter adstringuntur, tamen facile ipsi perspiciunt: hoc pertinere tantum ad conatus phantasiae rerum sibi species adumbrandi, non ad conditiones existendi.

3. La même condition sensible sous laquelle la *subsomption* de n'importe quel *objet* donné *sous un concept intellectuel donné* est seulement possible, est aussi la condition de possibilité même de l'objet.

§ 27

L'axiome subreptice de la PREMIÈRE CLASSE est : *tout ce qui est, est quelque part et en quelque temps*[* 109]. Mais par ce pseudo-principe, tous les êtres – y compris ceux qui sont connus intellectuellement – sont soumis quant à leur existence aux conditions de l'espace et du temps[110]. C'est ce qui fait que l'on soulève toutes ces vaines questions sur le lieu des substances immatérielles dans l'univers corporel (alors qu'il n'y en a, précisément en raison de leur immatérialité, ni d'intuition sensible ni de représentation sous une telle forme), sur le siège de l'âme ou sur d'autres choses du même genre, et en mélangeant ainsi improprement les connaissances sensi-

---

[*] L'espace et le temps sont conçus comme s'ils comprenaient *en eux* tout ce qui se présente aux sens d'une manière ou d'une autre. Ainsi, selon les lois de l'esprit humain, l'intuition d'un être n'est donnée que s'il est contenu dans l'espace et dans le temps. On peut comparer ce préjugé à un autre, qui n'est pas véritablement un axiome subreptice mais une désinvolture de l'imagination, et que l'on pourrait exprimer par la formule générale suivante : *l'espace et le temps sont dans tout ce qui existe*, quel qu'il soit, c'est-à-dire que toute substance est *étendue* et continuellement *en changement*. En effet, bien que les hommes dont les concepts sont plus grossiers soient plus fortement assujettis à cette loi de l'imagination, ils distinguent pourtant eux-mêmes facilement que tout cela ne relève que d'une tentative de l'imagination pour esquisser l'aspect des choses mais que cela ne concerne pas leurs conditions d'existence.

intellectualibus, ceu quadrata rotundis, improbe misceantur,
plerumque accidit ut disceptantium, alter hircum mulgere,
alter cribrum supponere videatur. Est autem immaterialium in
Mundo corporeo praesentia virtualis, non localis (quanquam
ita improprie vocitetur); spatium autem non continet conditiones possibilium actionum mutuarum, nisi materiae;
quidnam vero immaterialibus substantiis relationes externas
virium tam inter se quam erga corpora constituat intellectum
humanum plane fugit, uti vel perspicacissimus Eulerus, cetera
phaenomenorum magnus indagator et arbiter (in literis ad
principem quandam Germaniae missis) argute notavit. Cum
autem ad entis summi et extramundani conceptum perve-
nerint, dici non potest, quantum hisce obvolitantibus
intellectui umbris ludificentur. *Praesentiam* Dei sibi fingunt
localem, Deumque mundo involvunt, tanquam infinito
spatio simul comprehensum, hanc ipsi limitationem compen-
saturi, videlicet, localitate quasi *per eminentiam* concepta,
A₂ 33 h.e. infinita. At in pluribus locis | simul esse, absolute
impossibile est, quia loca diversa sunt extra se invicem,
ideoque, quod est in pluribus locis, est extra semet ipsum,
sibique ipsi externe praesens, quod implicat. Quod autem
tempus attinet, postquam illud non solum legibus cognitionis
sensitivae exemerunt, sed ultra mundi terminos ad ipsum
ens extramundanum, tanquam conditionem existentiae
ipsius, transtulerunt, inextricabili labyrintho sese involvunt.
Hinc absonis quaestionibus ingenia excruciant, v. g. cur Deus

bles et intellectuelles, comme des ronds et des carrés, il arrive souvent que dans un débat l'un semble traire le bouc quand l'autre tient un tamis en dessous[111]. En réalité, la présence des choses immatérielles dans le monde corporel est virtuelle et non locale (bien qu'elle soit ainsi improprement appelée). En réalité, l'espace ne contient les conditions des actions mutuelles possibles que de ce qui est matériel. En réalité, ce qui constitue les relations extérieures des forces dans le cas des substances immatérielles, que ces relations soient entre substances immatérielles ou des substances immatérielles aux corps, échappe totalement à l'entendement humain, comme le très pénétrant Euler, par ailleurs grand connaisseur et juge des phénomènes, l'a remarqué avec finesse (dans ses lettres à une certaine princesse allemande)[112]. Et lorsqu'ils en viennent au concept d'un être suprême et extérieur au monde, il est impossible de dire jusqu'à quel point ils sont trompés par le flou qui s'empare de l'entendement. Ils s'imaginent que la *présence* de Dieu est *locale* et ils enferment Dieu dans le monde comme s'il était lui-même contenu tout entier dans un espace infini, mais pour compenser cette limitation, la présence locale est bien évidemment conçue comme *éminente*, c'est-à-dire comme infinie. Mais il est absolument impossible d'être en même temps en plusieurs lieux puisque des lieux différents sont en dehors les uns des autres, et par conséquent ce qui est en plusieurs lieux est en dehors de soi-même et présent à l'extérieur de soi, ce qui est contradictoire. Quant au temps, après l'avoir non seulement soustrait aux lois de la connaissance sensible mais l'avoir aussi étendu hors des limites du monde à l'être extra mondain lui-même, pensant que le temps en est une condition d'existence, ils s'enferment d'eux-mêmes dans un labyrinthe inextricable. Et ils se tourmentent alors l'esprit de questions absurdes, comme de savoir pourquoi Dieu n'a pas

mundum non multis retro saeculis condiderit. Facile quidem
concipi posse sibi persuadent, quipote Deus praesentia, h.e.
actualia *temporis in quo est*, cernat, at quomodo futura,
AA 2 415 h.e. actualia *temporis in quo nondum est*, | prospiciat, difficile
intellectu putant. (Quasi existentia entis necessarii per omnia
temporis imaginarii momenta successive descendat et parte
durationis suae iam exhausta, quam adhuc victurus sit aeterni-
tatem una cum simultaneis mundi eventibus prospiciat).
Quae omnia notione temporis probe perspecta fumi instar
evanescunt.

§ 28

Secundae speciei praeiudicia, cum intellectui imponant
per conditiones sensitivas, quibus mens adstringitur, si in
quibusdam casibus ad conceptum intellectualem$^\lambda$ pertingere
vult, adhuc magis se abscondunt. Horum unum est quod
quantitatis, alterum quod qualitatum generaliter afficit
cognitionem. Prius est: *Omnis multitudo actualis est dabilis
numero* ideoque omne quantum finitum, posterius: *quicquid
est impossibile sibi contradicit.* In utroque conceptus temporis
quidem non ingreditur notionem ipsam praedicati, neque
censetur nota esse subiecti, attamen ut medium inservit
conceptui praedicati informando, adeoque ceu conditio afficit
conceptum intellectualem subiecti, quatenus nonnisi ipsius
subsidio ad hunc pertingimus.

Quod itaque attinet *prius*; cum omne quantum atque
series quaelibet non cognoscatur distincte, nisi per

façonné le monde quelques siècles plus tôt [113]. Ils se persuadent eux-mêmes qu'il est tout à fait facile de concevoir comment Dieu voit les choses présentes, c'est-à-dire actuelles *dans le temps où il est*; mais ils pensent qu'il est difficile de comprendre comment il prévoit les choses futures, c'est-à-dire actuelles *dans un temps où il n'est pas encore*. (Comme si l'existence de l'être nécessaire passait successivement par tous les instants d'un temps imaginaire et comme si, après avoir déjà épuisé une partie de sa durée, il prévoyait l'éternité qu'il lui faut encore vivre en même temps que les événements simultanés du monde). Tout cela s'envole en fumée si l'on considère correctement la notion de temps.

§ 28

Les préjugés de la SECONDE espèce se dissimulent encore plus du fait qu'ils s'appliquent à l'entendement au moyen des conditions sensibles auxquelles l'esprit est assujetti s'il veut en certains cas parvenir à un concept intellectuel. L'un de ces préjugés concerne la connaissance de la quantité, l'autre la connaissance des qualités en général. Le premier s'énonce : *toute multitude actuelle peut être exprimée par un nombre*, et par conséquent toute grandeur est finie ; le second s'énonce : *tout ce qui est impossible contient une contradiction*. Dans les deux cas, il est vrai que le concept de temps n'est pas contenu dans la notion même du prédicat et qu'il n'est pas considéré comme un caractère du sujet, cependant il sert de moyen pour former le concept du prédicat et il affecte donc comme condition le concept intellectuel du sujet dans la mesure où ne nous pouvons y parvenir sans son aide.

Ainsi, en ce qui concerne *le premier préjugé*, puisque toute grandeur et toute série ne sont connues distinctement que par

coordinationem successivam, conceptus intellectualis quanti
A₂ 34 et multitudinis, opitulante | tantum hoc conceptu temporis
oritur et nunquam pertingit at completudinem, nisi synthesis
absolvi possit tempore finito. Inde est: quod *infinita series*
coordinatorum secundum intellectus nostri limites distincte
comprehendi non possit, adeoque per vitium subreptionis
videatur impossibilis. Nempe secundum leges intellectus puri,
quaelibet series causatorum habet sui *principium*, h.e. non
datur regressus in serie causatorum[c] absque termino, secundum leges autem sensitivas quaelibet series coordinatorum
habet sui *initium* assignabile, quae propositiones, quarum
posterior *mensurabilitatem* seriei, prior *dependentiam* totius
involvit, perperam habentur pro identicis. Pari modo *argumento intellectus*, quo probatur: quod dato composito substantiali dentur compositionis principia, h.e. simplicia, se adiungit
supposititium aliquod, a sensitiva cognitione subornatum,
quod nempe in tali composito regressus in partium compositione non detur in infinitum, h.e. quod definitus detur in
quolibet composito partium numerus, cuius certe sensus priori
AA 2 416 non est | geminus, adeoque temere illi substituitur. Quod itaque
quantum mundanum sit[μ] limitatum (non maximum), quod
agnoscat sui principium, quod corpora constent simplicibus,
sub rationis signo utique certo cognosci potest. Quod autem
universum, quoad molem sit mathematice finitum, quod aetas
ipsius transacta sit ad mensuram dabilis, quod simplicium,
quodlibet corpus constituentium, sit definitus numerus,
sunt propositiones, quae aperte ortum suum e natura cognitionis sensitivae loquuntur, et, utcunque ceteroquin haberi

coordination successive, le concept intellectuel de grandeur et de multitude n'apparaît que grâce au concept de temps, et n'est complet que si la synthèse peut en être achevée en un temps fini. C'est ainsi qu'une *série infinie* de coordonnés ne peut être conçue distinctement en raison des limites de notre entendement et semble donc, par un vice de subreption, impossible. C'est que toute série d'effets a un *principe* propre selon les lois de l'entendement pur, c'est-à-dire qu'il n'y a pas de régression sans fin dans la série des effets; mais selon les lois sensibles une série de coordonnés a un *commencement* assignable. Ainsi les propositions ci-dessus, dont la seconde implique la *commensurabilité* de la série et la première la *dépendance* du tout, sont prises à tort pour identiques. Pareillement, l'*argument intellectuel* qui établit que si un composé substantiel est donné, alors des principes de composition, c'est-à-dire des simples, sont aussi donnés, est substitué par un autre argument qui est suborné par la connaissance sensible, à savoir que dans la composition des parties d'un tel composé il n'y a pas de régression à l'infini, autrement dit que le nombre de parties dans n'importe quel composé est défini : or le sens de ce dernier argument n'est certainement pas le même que celui du premier, et c'est aller un peu vite que de les substituer[114]. Aussi, que la grandeur du monde soit limitée (et ne soit pas un maximum), que le monde admette un principe propre, que les corps soient constitués de simples, cela peut être connu et frappé du sceau certain de la raison. Mais que l'univers soit mathématiquement fini quant à sa masse, que l'on puisse mesurer sa durée écoulée, qu'il y ait un nombre défini de simples entrant dans n'importe quel corps, voilà des propositions qui manifestent ouvertement leur origine dans la connaissance sensible et qui, quelles que vraies qu'on les tienne par

possint pro veris, tamen macula haud dubia$^{\lambda}$ originis suae laborant.

Quod autem *posterius* concernit *axioma subrepticium*, oritur temere convertendo contradictionis principium. Adhaeret autem huic primitivo iudicio conceptus temporis eatenus, quod datis *eodem tempore* contradictorie oppositis in eodem, liqueat impossibilitas, quod ita enuntiatur: *Quicquid simul est ac non est, est impossibile.* Hic, cum^{j} per intellectum
A$_2$ 35 aliquid praedicetur in casu, qui | secundum leges sensitivas datus est, iudicium apprime verum est et evidentissimum. Contra ea, si convertas idem axioma ita ut dicas; *omne impossibile simul est ac non est*, s. involvit contradictionem, per sensitivam cognitionem generaliter aliquid praedicas de obiecto Rationis, ideoque conceptum intellectualem de possibili aut impossibili subiicis conditionibus cognitionis sensitivae, nempe respectibus temporis, quod quidem de legibus, quibus adstringitur et limitatur intellectus humanus, verissimum est, obiective autem et generaliter nullo modo concedi potest. Nempe noster quidem intellectus *impossibilitatem non animadvertit*, nisi ubi notare potest simultaneam oppositorum de eodem enuntiationem, h.e. tantummodo ubi occurrit contradictio. Ubicunque igitur talis conditio non obvenit, ibi nullum intellectui humano de impossibilitate iudicium vacat. Quod autem ideo nulli plane intellectui liceat, adeoque, *quicquid non involvit contradictionem ideo sit possibile*, temere concluditur, subiectivas iudicandi conditiones pro obiectivis habendo. Hinc tot vana commenta *virium* nescio quarum pro lubitu confictarum,

ailleurs, n'en portent pas moins la marque indélébile de leur origine.

En ce qui concerne maintenant *le second axiome subreptice*, il naît d'une conversion hasardeuse du principe de contradiction. En effet, le concept de temps est impliqué dans ce jugement primitif du fait que si des opposés contradictoires sont donnés *en même temps* dans le même sujet, il y a une impossibilité manifeste, qui s'énonce ainsi : *tout ce qui en même temps est et n'est pas, est impossible.* Le jugement est ici on ne peut plus vrai et très évident puisque l'entendement affirme quelque chose de ce qui a été donné selon les lois sensibles. Par contre si l'on convertit l'axiome et que l'on dise : *tout ce qui est impossible, est et n'est pas en même temps*, ou encore implique contradiction, on affirme en général au moyen de la connaissance sensible quelque chose d'un objet de la raison, en soumettant ainsi le concept intellectuel du possible ou de l'impossible aux conditions de la connaissance sensible, c'est-à-dire aux rapports de temps – ce qui est certes parfaitement vrai des lois auxquelles l'entendement humain est limité et assujetti, mais que l'on ne peut absolument pas accorder objectivement en général. Car notre entendement ne *remarque une impossibilité* que là où il peut remarquer l'énoncé simultané de prédicats opposés dans un même sujet, c'est-à-dire uniquement quand une contradiction a lieu. Et donc partout où une telle condition n'est pas remplie, tout jugement d'impossibilité échappe à l'entendement humain. Mais en prenant pour objectives les conditions subjectives du jugement, on conclut bien vite qu'un tel jugement d'impossibilité n'est permis à absolument aucun entendement, et ainsi que *tout ce qui n'enveloppe pas de contradiction est donc possible*. C'est comme cela que sont forgées arbitrairement je ne sais quelles soi-disant *forces*, qui, étant débarrassées de toute contradic-

quae absque obstaculo repugnantiae e quolibet ingenio archi-
tectonico, seu si mavis, ad chimaeras proclivi turbatim
prorumpunt. Nam, cum *Vis* non aliud sit, quam *respectus*
substantiae A ad *aliud quiddam* B (accidens) tanquam rationis
ad rationatum: vis cuiusque possibilitas *non nititur identitate*
causae[c] et causati[c], s. substantiae et accidentis, ideoque etiam
impossibilitas virium falso confictarum *non pendet a sola*
AA 2 417 *contradictione.* Nullam | igitur *vim originariam* ut possibilem
sumere licet, nisi *datam ab experientia*, neque ulla intellectus
perspicacia eius possibilitas a priori concipi potest.

§ 29

Tertiae speciei axiomata subrepticia e conditionibus
subiecto propriis, a quibus in *obiecta* temere transferuntur, non
ita pullulant, ut (quemadmodum fit in iis, quae sunt classis
secundae) ad conceptum intellectualem, *per sensitive data* sola
A₂ 36 pateat via, sed | quia his tantum auxiliantibus ad *datum* per
experientiam *casum applicari*, h.e. cognosci potest, utrum
aliquid sub certo conceptu intellectuali, contineatur, nec ne.
Eiusmodi est, tritum illud in quibusdam scholis: *Quicquid*
existit contingenter, aliquando non existit. Oritur hoc principium suppositicium e penuria intellectus, contingentiae aut
necessitatis notas *nominales* plerumque, *reales* raro perspi-
cientis. Hinc utrum oppositum alicuius substantiae possibile
sit, cum[j] per notas a priori depromptas[e] vix perspiciatur,
aliunde non cognoscetur, quam *si eam aliquando non fuisse*

tion, jaillissent n'importe comment de n'importe quel esprit architectonique, ou si l'on préfère, enclin aux chimères. Car puisqu'une *force* n'est rien d'autre que *le rapport d'une substance A à une autre chose B* (un accident), comme un rapport de principe à conséquence, la possibilité de toute force *ne repose pas sur l'identité* de la cause et de ce qui est causé, ou de la substance et de l'accident, et par conséquent l'impossibilité des forces inventées sans fondement *ne dépend pas de la seule contradiction.* On ne doit donc tenir pour possible aucune *force originaire* qui ne soit *donnée par l'expérience* puisque aucune perspicacité de l'entendement ne peut en connaître la possibilité *a priori.*

§ 29

Les axiomes subreptices de la TROISIÈME espèce proviennent des conditions propres au *sujet* et sont appliqués de là inconsidérément aux *objets.* Ils ne se propagent pas du fait que la seule voie ouverte vers le concept intellectuel passe par les *données sensibles* (comme pour ceux de la seconde classe), mais du fait que c'est seulement grâce à elles qu'un concept intellectuel peut être *appliqué à un cas donné dans l'expérience,* c'est-à-dire que l'on peut savoir si quelque chose est contenu ou non sous un certain concept intellectuel. C'est de cette sorte qu'est le lieu commun répandu dans certaines écoles : *tout ce qui existe de manière contingente n'a pas toujours existé.* Ce principe fallacieux résulte de l'indigence de l'entendement qui aperçoit le plus souvent les caractères *nominaux* de la contingence ou de la nécessité, mais rarement leurs caractères *réels.* Aussi, on ne pourra savoir si l'opposé de telle substance est possible que s'il est établi qu'*elle n'a pas existé à un certain moment,* puisque cela se laisse à peine entrevoir des

constet; et mutationes verius testantur contingentiam quam contingentia mutabilitatem, ita ut si nihil in mundo obveniret fluxum et transitorium, vix aliqua nobis notio contingentiae oboriretur. Ideoque propositio directa cum sit verissima; *quicquid aliquando non fuit est contingens*, inversa ipsius non indigitat, nisi conditiones; sub quibus solis, utrum aliquid existat necessario, an contingenter, dignoscere [ξ] licet; ideoque si ceu lex subiectiva (qualis revera est) enuntietur [π], ita efferri debet: *de quo non constat, quod aliquando non fuerit, illius contingentiae notae sufficientes per communem intelligentiam non dantur*; quod tandem tacite abit in conditionem obiectivam; quasi absque hoc annexo, contingentiae plane locus non sit. Quo facto exurgit axioma adulterinum et erroneum. Nam mundus hic, quanquam contingenter existens, *est sempiternus*, h.e. omni tempori simultaneus, ut ideo tempus aliquod fuisse, quo non exstiterit, perperam asseratur.

§ 30

Accedunt principiis subrepticiis magna affinitate alia quaedam, quae quidem conceptui dato intellectuali nullam sensitivae cognitionis maculam affricant, sed quibus tamen intellectus ita luditur, ut ipsa | habeat pro argumentis ab obiecto depromptis [e], cum tantummodo *per convenientiam*, cum libero et amplo intellectus usu, pro ipsius singulari natura, nobis commendentur. Ideoque, aeque ac ea quae superius a nobis

AA 2 418

caractères tirés *a priori* ; et les changements attestent mieux de la contingence que la contingence n'atteste de la possibilité de changement, de sorte que si rien de fluctuant ou d'éphémère ne survenait dans le monde, la notion de contingence ne nous viendrait que difficilement à l'esprit. C'est pourquoi, bien que la proposition directe : *tout ce qui n'a pas existé à un certain moment est contingent* soit très vraie, sa réciproque n'indique que les conditions sous lesquelles il est seulement possible de distinguer si une chose existe de manière nécessaire ou contingente. Et s'il fallait donc l'énoncer comme une loi subjective (ce qu'elle est en réalité), il faudrait l'exprimer ainsi : *s'il n'est pas établi qu'une chose n'a pas existé à un certain moment, alors les caractères suffisants de sa contingence ne sont pas donnés par l'intelligence commune.* Mais on finit par en faire tacitement une condition objective comme s'il n'y avait absolument aucune contingence en dehors de cette clause. C'est ainsi qu'émerge cet axiome contrefait et erroné. Car bien que ce monde existe de manière contingente, *il est de tout temps* [115], c'est-à-dire contemporain de chacun de ses temps de sorte qu'il serait faux d'affirmer qu'il y a eu un temps où il n'a pas existé.

§ 30

D'autres principes présentent une grande affinité avec ces principes subreptices. Certes ils ne contaminent pas un concept intellectuel donné par une connaissance sensible, mais ils se jouent cependant de l'entendement de sorte que celui-ci les prend pour des arguments tirés des objets alors qu'ils ne se recommandent à nous qu'en vertu de leur *convenance* avec l'usage libre et étendu de l'entendement, conformément à sa nature spécifique. C'est ainsi qu'ils reposent sur des raisons

enumerata sunt, nituntur rationibus *subiectivis*, verum non
A₂ 37 legibus sensitivae cognitionis, sed ipsius intellectualis, | nempe
conditionibus, quibus ipsi facile videtur et promptum ͤ perspicacia sua utendi. Liceat mihi horum principiorum, quantum
equidem scio, nondum alibi distincte expositorum, hic coro-
nidis loco mentionem aliquam iniicere. Voco autem *principia
Convenientiae*, regulas illas iudicandi, quibus libenter nos
submittimus et quasi axiomatibus inhaeremus, hanc solum ob
rationem, quia, *si ab iis discesserimus, intellectui nostro
nullum fere de obiecto dato iudicium liceret*. In horum censum
veniunt sequentia. Primum; quo sumimus, *omnia in universo
fieri secundum ordinem naturae*; quod quidem principium
Epicurus absque ulla restrictione, omnes autem philosophi,
cum rarissima et non sine summa necessitate admittenda
exceptione uno ore profitentur. Ita autem statuimus, non
propterea, quod eventuum mundanorum secundum leges
naturae communes tam amplam possideamus cognitionem,
aut supernaturalium nobis pateret vel impossibilitas, vel
minima possibilitas hypothetica, sed quia, si ab ordine naturae
discesseris, intellectui nullus plane usus esset, et temeraria
citatio supernaturalium est pulvinar intellectus pigri. Eandem
ob rationem *miracula comparativa*, influxus nempe spirituum,
sollicite arcemus ab expositione phaenomenorum, quia cum
eorum natura nobis incognita sit, intellectus magno suo
detrimento a luce experientiae, per quam solam legum
iudicandi sibi comparandarum ipsi copia est, ad umbras

subjectives, tout comme ceux que nous avons énumérés plus haut, non il est vrai sur les lois de la connaissance sensible, mais sur les lois de la connaissance intellectuelle elle-même, à savoir sur les conditions qui semblent à l'entendement plus faciles et plus immédiates pour user de son discernement. Qu'il me soit ici permis en guise de conclusion de mentionner ces principes qui n'ont pas encore été clairement exposés ailleurs, autant que je sache. J'appelle ainsi *principe de conve-nance* ces règles du jugement auxquelles nous nous soumet-tons volontiers et auxquelles on s'attache comme à des axiomes pour cette seule raison que *si nous nous en écartions, notre entendement ne pourrait presque plus du tout porter de jugement sur un objet donné*. Parmi eux figurent les suivants. Le PREMIER PRINCIPE DE CONVENANCE est celui par lequel nous posons que *tout arrive dans l'univers suivant l'ordre de la nature*, ce que professe au moins Epicure sans aucune restric-tion, mais en réalité tous les philosophes unanimement en n'admettant que de très rares exceptions lorsque c'est absolu-ment nécessaire. Si nous jugeons ainsi, ce n'est pas que nous ayons une connaissance tellement approfondie des événe-ments du monde suivant les lois communes de la nature, ni que nous percevions l'impossibilité ou la très faible et très hypothétique possibilité d'événements surnaturels, mais c'est seulement que si l'on s'écartait de l'ordre de la nature, il n'y aurait absolument plus aucun usage de l'entendement et parce que le recours inconsidéré au surnaturel fait le lit d'un enten-dement paresseux. Pour la même raison, nous écartons prudemment de l'explication des phénomènes les *miracles comparatifs*[116], à savoir l'influence des esprits, car, du fait que leur nature nous est inconnue, l'entendement serait détourné à son grand détriment de la lumière de l'expérience – qui seule lui procure les lois du jugement – et attiré vers les ombres de

incognitarum nobis specierum et causarum^c averteretur. Secundum est *favor* ille *Unitatis*, philosophico ingenio proprius, a quo pervulgatus iste canon profluxit : *principia non esse multiplicanda praeter summam necessitatem*; cui suffragamur, non ideo, quia causalem^c in mundo unitatem, vel ratione vel experientia, perspiciamus, sed illam ipsam indagamus impulsu intellectus, qui tantundem sibi in explicatione phaenomenorum profecisse videtur, quantum ab eodem principio ad plurima rationata descendere ipsi concessum est. Tertium eius generis principiorum est : *nihil omnino Materiae oriri, aut interire*, omnesque mundi vicissitudines solam concernere formam; quod postulatum, A₂ 38 suadente intellectu communi | omnes philosophorum scholas pervagatum est, non quod illud pro comperto, aut per AA 2 419 argumenta a priori | demonstrato habitum sit, sed quia, si materiam ipsam fluxam et transitoriam admiseris, nihil plane stabile et perdurabile reliqui fieret, quod explicationi phaenomenorum secundum leges universales et perpetuas adeoque usui intellectus amplius inserviret.

Et haec quidem de Methodo, potissimum circa discrimen sensitivae atque intellectualis cognitionis, quae si aliquando curatiori indagatione ad amussim redacta fuerit, scientiae propaedeuticae loco erit, omnibus in ipsos Metaphysicae recessus penetraturis immensum quantum profuturae.

causes ou d'espèces que nous ne connaissons pas. Le DEUXIÈME PRINCIPE DE CONVENANCE est cette *prédilection pour l'unité*, propre à l'esprit philosophique, et dont découle cette règle largement reçue : *les principes ne doivent pas être multipliés sans une très grande nécessité.* Nous approuvons ce principe, non que nous percevions par l'expérience ou la raison une unité causale dans le monde, mais parce qu'une impulsion de l'entendement nous pousse à chercher cette unité même; et l'entendement n'estime avoir progressé dans l'explication des phénomènes que s'il se trouve en mesure de tirer le plus grand nombre de conséquences possibles d'un même principe. Le TROISIÈME principe de cette sorte est qu'*absolument aucune matière ne se crée ni ne se perd*, et que tous les changements du monde ne concernent que sa seule forme. Ce postulat, implicite dans l'entendement commun, est largement reçu dans toutes les écoles philosophiques, non qu'on le tienne pour assuré ou démontré par des arguments *a priori*, mais parce que si l'on admet que la matière elle-même est fluctuante et éphémère, il ne resterait absolument plus rien de stable et de durable qui permette l'explication des phénomènes suivant des lois universelles et constantes, et qui permette donc de continuer à se servir de l'entendement.

Voilà ce qu'il y avait à dire de la méthode, en particulier en ce qui concerne la distinction de la connaissance sensible et intellectuelle. Si une recherche plus consciencieuse permet un jour de doter cette méthode d'une formulation précise, elle constituera une science propédeutique extrêmement utile à tous ceux qui s'apprêtent à entrer dans les profondeurs de la métaphysique.

NOTA. Quoniam in postrema hac sectione indagatio Methodi omnem facit paginam, et regulae praecipientes veram circa sensitiva argumentandi formam propria luce splendeant, nec eam ab exemplis illustrationis causa allatis mutuentur, horum tantummodo quasi in transcursu mentionem inieci. Quare mirum non est, nonnulla ibi audacius quam verius plerisque asserta visum iri, quae utique, cum aliquando licebit esse prolixiori, maius argumentorum robus sibi exposcent. Sic, quae § 27 de Immaterialium localitate attuli explicatione indigent, quam, si placet, quaeras apud Eulerum l. c. Tom. 2. pag. 49-52. Anima enim non propterea cum corpore est in commercio, quia in certo ipsius loco detinetur, sed tribuitur ipsi locus in universo determinatus ideo, quia cum corpore quodam est in mutuo commercio, quo soluto omnis ipsius in spatio positus tollitur. *Localitas* itaque illius est *derivativa* et contingenter ipsi conciliata, *non primitiva* atque existentiae ipsius adhaerens conditio necessaria, propterea quod quaecunque per se sensuum externorum (quales sunt homini) obiecta esse non possunt i.e. *immaterialia* a conditione universali externe *sensibilium* nempe spatio plane eximuntur. Hinc animae localitas absoluta et immediata denegari et tamen hypothetica et mediata tribui potest.

REMARQUE. Puisque dans cette dernière section, j'ai consacré chaque page à la recherche de la méthode, et puisque les règles qui prescrivent la forme correcte de l'argumentation concernant les connaissances sensibles brillent d'elles-mêmes, sans s'aider de la lumière d'exemples illustratifs, je n'ai mentionné d'exemples que comme en passant. Aussi il n'est pas étonnant si certaines affirmations vont sembler à la plupart témoigner de plus d'audace que de vérité, et qu'elles mériteront en tout cas une justification plus solide si nous avons un jour l'occasion de les développer. Ainsi ce que j'ai avancé au § 27 à propos de la localisation des choses immatérielles a besoin d'une explication que l'on peut chercher, si l'on veut, chez Euler, loc. cit., t. 2, p. 49-52 [117]. Car l'âme n'a pas de commerce avec le corps du fait qu'elle occuperait une certaine place dans le corps, mais on lui attribue un lieu déterminé dans l'univers parce qu'elle est en commerce mutuel avec un certain corps, et que si l'on supprime ce commerce, on supprime aussi toute position de l'âme dans l'espace. Sa *localisation* est donc *dérivée* et ne lui est assignée que de manière contingente ; elle n'est pas une condition nécessaire et *primitive* liée à son existence, du fait que tout ce qui ne peut être en soi-même objet des sens externes (comme ceux que possède l'homme), c'est-à-dire *les choses immatérielles*, est tout simplement soustrait de la condition universelle des *choses sensibles extérieures*, à savoir l'espace. On peut donc refuser toute localisation absolue et immédiate à l'âme, et cependant lui attribuer une localisation hypothétique et médiate.

NOTES DU TRADUCTEUR

1. La soutenance a probablement eu lieu le 21 août (voir notre introduction).

2. La dédicace ne figure que dans le tirage A₁ édité par Adickes (AA 2, 513) (voir notre introduction).

3. Comparer avec Baumgarten, *Metaphysica*, 1757, § 354 : « Le monde est la série (la multitude, le tout) des choses actuelles finies, qui n'est pas une partie d'une autre série » ; et Wolff, *Cosmologia generalis*, 1737, § 48 : « La série des êtres finis reliés entre eux tant simultanément que successivement est appelée *monde*, c'est-à-dire aussi *univers* ». Kant traitant ici de la notion de monde en général, et admettant corrélativement la possibilité d'une pluralité de mondes, nous traduisons ici *mundus* par *un* monde.

4. *Duplicem genesin* : comme la suite du texte le montre, l'accent est ici mis sur la *genèse*, c'est-à-dire sur les différentes formations du concept de monde à travers différents actes (la composition de parties données en un tout par notions abstraites de l'entendement, et la synthèse d'un tout par addition successive des parties dans l'intuition), plutôt que sur leurs *origines* comprises comme des sources. Nous préférons donc parler de *double formation* plutôt que de *double origine* du concept de monde, pour éviter la confusion qui rapporterait *un même concept* de monde à deux sources, lors même qu'il est question de deux concepts de monde, selon deux modes de donation du concept. Cf. *Refl.* 2856 (vers 1755-1756), AA 16, 548 (nous tradui-

sons): « La question logique n'est pas : comment parvenons-nous à des concepts, mais : quels actes de l'entendement constituent un concept – puisqu'il ne peut contenir que ce qui est tiré de l'expérience, ou ce qui est inventé ou ce qui est emprunté à la nature de l'entendement » – ce que Kant appelle « trois opérations de l'esprit » (*Refl.* 2829, AA 16, 533).

5. *Ad partes dabiles* : des parties déterminables, au sens où elles peuvent être données dans un concept par la pensée, mais non données dans l'intuition. En effet, on peut penser ces parties par régression à l'infini et concevoir un absolument simple – mais il ne sera pas *donné dans l'intuition*. De même pour la progression par synthèse vers un tout absolu. Cf. *Refl.* 4192 (fin 1769-automne 1770) AA 17, 451 (nous traduisons) : « L'infinité n'est pas un concept objectif déterminé d'une grandeur par rapport à d'autres, mais subjectivement le dépassement d'une grandeur au-delà de toutes celles qui sont assignables (*angebliche*) par nous, quoique non assignables par tout entendement ». Il est clair que Kant a en vue ici la thèse monadologique leibnizienne selon laquelle, puisqu'il y a des composés, alors il faut poser des simples (*Monadologie*, § 2).

6. La cosmologie peut donc être exemplaire pour toutes les branches de la métaphysique générale et spéciale parce que le concept de monde pose un problème méthodologique qui ne peut être résolu que par la distinction des facultés de connaître, du fait qu'un tout infini et continu peut bien être pensé mais non représenté dans l'intuition. Si ce problème que l'on peut bien appeler dans le commentaire un problème d'antinomie (là où Kant parle en 1770 de désaccord et d'opposition), semble bien dans les années 1760 l'un des plans d'émergence de la *Dissertation* (voir notre introduction), il est en tout cas le point de départ dans l'ordre d'exposition de la dissertation. Le problème de l'infini et du continu sera mentionné plusieurs fois par la suite.

7. *Cf.* Aristote, Physique, III, 5 ou Leibniz, *Nouveaux Essais sur l'entendement humain* (édition Raspe de 1765), II, 17.

8. *In concreto exsequi.* En début de paragraphe, il a déjà été dit qu'une notion générale ne peut être produite (*exsequi*), c'est-à-dire poursuivie, ou réalisée, par la faculté sensible de connaître. Ce problème sera aussi désigné comme celui de l'impossibilité d'une actualisation concrète (*actuatio in concreto*, § 12) des concepts intellectuels.

9. L'opposition subjective (*reluctantia subjectiva*) provient donc de la confusion entre l'*irreprésentable* (c'est-à-dire ce qui ne peut être produit dans l'intuition et selon les lois de l'intuition et dont la *représentation est impossible*) et l'*impossible* (qui est contradictoire selon les lois de l'entendement et dont l'*essence est impossible*). Cette opposition n'est pas tant un conflit qu'une incompatibilité de deux domaines différents, bornés par des limites différentes, et qui relèvent de la juridiction de deux facultés différentes de connaître, disjointes et en désaccord (*dissensus*).

10. Sur la synthèse arbitraire des concepts mathématiques, voir *La recherche sur l'évidence des principes en théologie naturelle et en morale* (1763), AA 2, 276-278. Kant vient de mentionner en note une définition contradictoire de l'infini mathématique, et dans le paragraphe suivant il qualifie de spécieux les arguments philosophiques qui introduisent arbitrairement dans un concept les propriétés que l'on veut déterminer.

11. Cf. *Refl.* 4201 (fin 1769-automne 1770), AA 17, 454 (nous traduisons) : « La *limite* d'une coordination *du point de vue de l'analyse*, c'est-à-dire *a priori*, est le simple ; sa limite *du point de vue de la synthèse*, c'est-à-dire *a posteriori*, est le monde. La *limite* de la subordination *a priori* est la cause dernière ; *a posteriori*, la totalité des conséquences. La raison juge sa compréhension incomplète lorsqu'elle n'est pas enfermée dans des limites. La nécessité des limites n'est cependant pas objective. Elle ne peut non plus concevoir quand il doit y avoir une limite, tant de la coordination que de la subordination ».

12. C'est la seule occurrence du mot dans la *Dissertation*. Baumgarten emploie également très peu le terme qui qualifie les

propriétés essentielles des choses (*Metaphysica*, § 98, AA 17, 047) et donc les connaissances métaphysiques nécessaires (*ibid.*, § 89, AA 17, 045). Kant le définit dans la *Réflexion* 4025 (1769), AA 17, 389 (nous traduisons) : « Quelque chose est considéré respectivement du point de vue transcendantal (*transsendentaliter*) lorsque sa (propre) essence* est envisagée comme une conséquence ; du point de vue métaphysique quand son essence est considérée comme un fondement par rapport à ses conséquences. *(si l'on considère l'essence de la chose en général, alors c'est métaphysique) ».

13. Cf. *Refl.* 4326 (1770?-1775?), AA 17, 507 (nous traduisons) : « Les changements ne déterminent pas des parties du monde, mais son état ». *Cf.* aussi *Refl.* 3787 (1764-1768), AA 17, 292 et *Refl.* 3905 (1767-1768), AA 17, 334 (nous traduisons) : « Les accidents ne sont pas des parties du monde ».

14. Sur le « monde égoïstique », voir Baumgarten, *Metaphysica*, § 438 (AA 17, 118). Cf. *Refl.* 4201 (1769-1770), AA 17, 454 (nous traduisons) : « A la notion de monde appartient 1. matériellement, une pluralité de substances. Un monde égoïstique n'est pas un monde ». Kant vise ici manifestement Spinoza, cf. *Refl.* 3803 (1764-1768), AA 17, 297 : « Tout spinoziste est égoïste. La question est de savoir si tout égoïste est nécessairement spinoziste ».

15. Cf. *infra*, § 18-19.

16. Nous traduisons *complementa* par *compléments* et *compartes* par *parties complémentaires*. Les compléments désignent les parties complémentaires en tant qu'elles se rapportent à un tout. *Cf.* Baumgarten, *Metaphysica*, § 155 (nous traduisons) : « Une partie étant donnée, les parties qu'il faut ajouter pour former un tout avec celle-la sont ses parties complémentaires (*compartes*), ou ses compléments dans un tout (*complementa ad totem*, *Ergänzungen*, *supplementa*) ».

17. Nous traduisons *principiatum* par *conséquence*, selon son usage logique où il désigne la conclusion d'un raisonnement. *Cf.* Meier, AA 16, 702 : « Das Schlussurtheil (*conclusio, probandum,*

principiatum) ». L'opposition *principium-principiatum* est reprise au § 10, pour caractériser l'intuition divine comme archétype.

18. Sur la traduction d'*influxus*, voir *infra*, p. 191, note 84.

19. *Vires ipsae transeuntes*. La racine *transeo* (passer, traverser) peut infléchir le sens de *transeuntes* soit en un sens temporel (le *transitoire* au sens de passager, éphémère) soit en un sens accompli (le *transitif* au sens de communicable). La suite de la phrase, tout comme la discussion autour du commerce des substances au § 17, montre qu'il s'agit du second sens. La traduction par « forces communicables » nous semble donc la moins équivoque, et permet de faire écho à la terminologie leibnizienne dont il sera question par la suite (voir l'article de Leibniz sur *Le système nouveau de la nature et de la communication des substances*, 1695, GP IV, 477-487).

20. Si l'on peut parler des concepts d'espace et de temps (Kant dit aussi notion, § 12, ou idée, § 14), l'espace et le temps ne sont pas des concepts, c'est-à-dire que leur objet ne sont pas des concepts, des idées ou des notions ; et c'est par opposition à ceux-ci que Kant les caractérise de phénomènes (§ 2), principes formels de notre intuition (§ 10), schémas de la connaissance sensible (§ 13), intuitions pures (§ 15), principes de la connaissance sensible (§ 15 corollaire) ou même images immuables du sensible (§ 15 corollaire).

21. Ici, ce sont bien l'espace et le temps eux-mêmes qui sont caractérisés de phénomènes, en tant qu'ils sont distingués des idées rationnelles. On trouve déjà cet emploi dans les réflexions de 1769 (*cf.* par exemple *Refl.* 4078, AA 17, 406 ; *Refl.* 4086, AA 17, 409). Cela est cependant le seul usage de phénomène *en ce sens* dans la *Dissertation*. Mais que Kant prenne soin de préciser que les phénomènes sont l'objet de la sensibilité au début du paragraphe 12 semble indiquer que le concept n'a pas encore d'usage univoque.

22. Nous traduisons *universitas* par *universalité*, et *omnitudo* par *intégralité*. L'intégralité absolue n'est atteinte que dans un tout qui n'est lui-même plus une partie, raison pour laquelle les deux caractères sont convertibles, et que Kant définit au § 15.E l'*universitas* comme la propriété d'un « tout qui ne peut être la partie d'un autre

tout » – c'est-à-dire du monde lui-même. Kant a défini par ailleurs la complétude (*completudo*) comme la limite des termes coordonnés (*Refl.* 3897, 1768, AA 17, 332).

23. A savoir la définition négative de la première phrase de la *Dissertation* : un monde est un tout qui *n'est pas* une partie.

24. Littéralement : « donne à l'éternité une matière inépuisable ».

25. *Intellectuales*, que nous traduisons par « concevables de manière intellectuelle » par symétrie avec *sensitive conceptibiles*. Le sens de la phrase est obscur : peut-être est-il fait allusion à une coordination idéale des éléments donnés (comme le suggère la phrase suivante), indépendamment des coordinations effectives de l'esprit humain qui supposent toutes l'intuition pure du temps.

26. *Ad unum* : à une unité, c'est-à-dire à un tout.

27. L'état représentatif (*status repraesentativus*) ne désigne pas la situation ou le contenu psychologique mais bien la capacité de représenter générale dont les modalités sont les facultés de la sensibilité et de l'entendement. Au § 4, Kant précise qu'il s'agit « d'une nature particulière du sujet » (*a speciali indole subjecti*) qui le rend « capable de modification » (*modificationis capax*). On pourrait donc traduire aussi *status repraesentativus* par *capacité représentative*, si ce n'est que le terme d'état nous semble restituer le caractère inhérent au sujet. Chez Baumgarten, le *status* désigne la coexistence des propriétés intrinsèques immuables et des accidents. *Cf.* Baumgarten, *Metaphysica*, § 205 (AA 17, 069) et Kant, *Refl.* 3904 (AA 17, 394).

28. Nous traduisons *sensibilis* et *intelligibilis*, qui caractérisent les objets, par *sensible* et *intelligible* (et ainsi *sensibilia* et *intelligibilia* par *choses sensibles* et *choses intelligibles*) ; et *sensitivus* et *intellectualis*, qui caractérisent la connaissance, par *sensible* et *intellectuel*. Nous considérons précisément ici *sensibile* et *intelligibile* comme des adjectifs substantivés dénotant des domaines que les termes de phénomènes et noumènes vont identifier, et non des épithètes d'*objectum* et *quod*. En effet, l'objet de la sensibilité, s'il n'appartient pas au domaine de l'intelligible, reste cependant *intelligible*, c'est-à-dire susceptible de connaissance intellectuelle. Il faut donc prêter attention

à la tournure restrictive (*nihil nisi*) : l'intelligible ne désigne pas ce qui peut être connu par l'intelligence, mais ce qui ne peut être connu *que* par l'intelligence.

29. Que la connaissance puisse être dite « intellectuelle ou rationnelle » n'implique pas nécessairement que Kant identifie en pratique les deux facultés dans la *Dissertation* (*cf.* Walford, p. 463), mais il est clair qu'il n'en donne pas ici de distinction claire. C'est que l'essentiel est bien ici de distinguer les connaissances qui portent la marque de leur origine sensible de celles qui sont frappées du sceau de la raison (*cf.* § 28).

30. Nous n'avons pas cru bon de traduire *sensitivus* par *sensitif*, pour le distinguer comme en latin de *sensibilis*, puisqu'ils qualifient des substantifs relevant de deux domaines distincts (respectivement les connaissances et les objets) et que la confusion n'est donc pas possible. Sur les usages substantivés, cf. *infra*, p. 194, note 102.

31. Kant emploie six fois le terme de *species* (dont il faut rappeler qu'il est l'une des traductions latines de l'*eidos* platonicien, cf. *Plato Latinus*, p. 49) dans le contexte des choses sensibles, c'est-à-dire indépendamment du sens usuel où il vient désigner une espèce, un genre ou une classe de choses, comme par exemple les espèces des axiomes subreptices (§ 27-29). Il parle en effet de la *species* ou de la forme des choses sensibles (§ 4, deux fois; note du § 27) et définit les phénomènes comme proprement les *species* des choses (§ 11), de sorte que l'apparition de la *species* des choses aux sens nécessite une faculté de l'âme qui coordonne toutes les sensations (§ 15.E). En somme, la *species* est bien ce qui apparaît aux sens, c'est-à-dire une fois que les lois de l'esprit ont lié en un tout de représentations les différentes propriétés des objets qui affectent les sens (§ 4). La *species*, conformément à sa racine étymologique est ce que l'intuition sensible humaine voit, le produit d'une synthèse (Kant écrit plutôt « coordination d'une diversité ») par les lois innées de l'esprit. Et toujours dans ce même paragraphe 4, il est précisé que la *species* ne relève pas de la matière de la représentation sensible, comme une esquisse ou un schéma (*adumbratio aut schema*), mais bien de sa

forme. Le problème de traduction consiste donc à choisir un terme qui relève bien du vocabulaire de l'intuition sensible (comme le *voir* du *specio*) sans pour autant dénoter la matérialité des sensations. Tissot traduit par *espèce* ou *forme*; Mouy par *spécificité*, *espèce* ou *aspect*; Alquié par *configuration*, *apparence* ou *aspect*; Eckoff par *apparance* ou *form*; Beck par *configuration, semblance, manner* ou *appearence*; Walford par *aspect*; Reich par *Bild, Anschein, Ansicht* ou *bildhaft erscheinen*; Hinske par *Gestalt* ou *Abbild*. Il nous semble que la traduction unique de *species* par *aspect* répond aux différentes caractéristiques du concept et permet de parler des phénomènes comme de l'aspect des choses, de maintenir l'équivalence entre la forme ou l'aspect des choses, et de conserver dans la traduction la racine sémantique du *voir* (et même lexicale puisque aspect provient aussi de *specio*).

32. La représentation issue des sens (*sensualis*) vient d'être appelée représentation des sens (*repraesentatio sensus*).

33. Comme le remarque Alquié, p. 1543, le vocabulaire employé relève encore d'un innéisme psychologique : Kant ne distingue pas ici *a priori* et inné, comme cela sera le cas dans la *CRP*. Que les lois soient dites innées (*innatae*) ou contenues (*insitae*) dans l'esprit, elles ne sont pas acquises par les sens, conformément à la maxime leibnizienne : « *Nihil est in intellectu quod non fuerit in sensu, excipe : nisi ipse intellectus* » (*Nouveaux Essais sur l'entendement humain*, II, 1, 2, GP V, 100)

34. Au § 23 (p. 145) l'usage réel de l'entendement est réservé à la philosophie pure, et en particulier à la métaphysique.

35. *In sensualibus*, c'est-à-dire littéralement dans les choses issues des sens.

36. Sur la réflexion, voir les notes de la *Logique* (1800), 1 re partie, § 6, AA 9, 95.

37. *Cf.* Kant, *Logique*, AA 9, 95.

38. Kant vise ici Leibniz. *Cf.* par exemple l'article des *Acta Eruditorum* de novembre 1684, *Méditations sur la connaissance, la vérité et les idées* (trad. fr. P. Schrecker, dans *Opuscules philo-*

sophiques choisis, Paris, Vrin, 2001, 13 *sq.*). Remarquons que la formulation en « connaissance sensible » et « connaissance intelligible » ne peut être strictement leibnizienne puisque pour Leibniz aussi le concept empirique d'or est parfaitement distinct tout comme le concept de chiliogone est confus (puisqu'il n'énumère pas tous les caractères suffisant à sa distinction). Ce qui est en jeu pour Kant est en fait la thèse leibnizienne de la possibilité *de droit* d'un passage, par analyse des connaissances, de la confusion à la distinction, cette analyse fût-elle uniquement achevée dans l'entendement de Dieu seul – de sorte qu'il y a un concept intelligible complet, distinct et précis (c'est-à-dire adéquat) de tout concept empirique confus. Il n'y a donc qu'un seul type de concept et différents degrés de définitions possibles selon l'entendement (humain ou divin) qui le considère – ce à quoi Kant oppose différentes sources de concepts et différentes opérations de l'esprit, cf. *Refl.* 2829 (vers 1755-1756), AA 16, 533. Kant reprendra la critique de la sensibilité comme « mode confus de la représentation » dans l'« Amphibologie des concepts de la réflexion » (*CRP*, A 270/B 326).

39. La thèse du caractère non empirique de la morale sera une des affirmations les plus constantes chez Kant. Les concepts de la morale (par exemple le concept de vertu) sont donc des concepts rationnels *donnés a priori* – mais non *construits*.

40. *Cf.* Ch. Wolff, *Cosmologia generalis, methodo scientifica pertractata*, 1737, § 48, 60 et 61; et *Psychologia empirica*, 1743, § 54-55.

41. Tissot (p. 226) traduit : « La philosophie *première* qui contient les *principes* de l'entendement pur », ce qui est grammaticalement tout à fait possible. Nous préférons cependant rapporter *prima* à *principia* et non à *philosophia*, par symétrie avec la morale qui fournit les premiers principes du discernement (§ 9). Parmi les *principia* ne sont pas simplement compris les propositions premières mais aussi les concepts de la métaphysique. Cf. *Refl.* 3930 (1769), AA 17, 352 (nous traduisons) : « La métaphysique est la philosophie qui traite des concepts (*Begriffe*) de l'*entendement pur*. Elle se rapporte à la philo-

sophie ordinaire comme la *mathesis pura* à la *mathesis applicata*. Les concepts d'existence (de réalité), de possibilité, de nécessité, de fondement, d'unité et multiplicité, du tout et des parties (du tout et du rien), de composé et de simple, d'espace, de temps, de changement, (de mouvement) de substance et d'accident, de force et d'action, et tout ce qui relève de l'ontologie véritable se rapporte à la métaphysique ordinaire comme à l'arithmétique (générale) dans la *mathesis pura* ».

42. *Cf.* la lettre à Lambert du 2 septembre 1770 : « Il semble qu'une science toute particulière, quoique simplement négative (*phaenomenologia generalis*) doive précéder la métaphysique ; les principes de la sensibilité s'y verront fixer leur validité et leurs bornes, afin qu'ils n'embrouillent pas les jugements portant sur les objets de la raison pure, comme cela s'est presque toujours produit jusqu'à présent » (*Correspondance*, AA 10, 98 ; trad. fr. p. 70).

43. Cf. *Refl*. 4172 (1769-1770), AA 17, 443 (nous traduisons) : « Les concepts donnés par la raison avant toute expérience, quoique abstraits des lois de la raison à l'occasion de l'expérience, par exemple le concept de fondement (*Grund*), sont des formes inscrites qui permettent à l'entendement de faire usage des expériences dans sa mise en ordre » ; et *Refl*. 3930 (1768), AA 17, 352 : « Les notions rationnelles émergent grâce aux sensations ».

44. Ces concepts relèveront de la table des catégories dans la *Critique de la raison pure* (A 80/B 106). Comparer leur acquisition par réflexion sur les actes de l'entendement avec Leibniz, *Monadologie*, § 30 : « C'est aussi par la connaissance des vérités nécessaires et par leurs abstractions que nous sommes élevés aux *Actes réflexifs*, qui nous font penser à ce qui s'appelle *Moi* et à considérer que ceci ou cela est en nous : et c'est ainsi qu'en pensant à nous, nous pensons à l'Être et à la Substance, au simple et au composé, à l'immatériel et à Dieu même ». Dans les *Nouveaux Essais* (publiés en 1765), après avoir établi la maxime du *nihil est in intellectu etc.*, Leibniz donne la liste suivante : « Or l'âme renferme l'être, la substance, l'un, le même, la cause, la perception, la raison, et quantité

d'autres notions, que les sens ne sauraient donner » (II, 1, 2 ; GP V, 100-101).

45. Dans les errata de la *Dissertation* (A_2, p. 38), Kant remplace usage (*usus*) par fin (*finis*).

46. Le terme, qui remonte à Platon (*Sophiste* 230b-e) et Aristote (*Métaphysique*, Γ, 4, 1006 a 11-28), qualifie originairement la recherche de la fausseté ou de l'erreur dans une thèse, afin de l'exclure de la discussion, et a donc habituellement le sens de *réfutatif*. Cette fonction de mise à l'écart sera également décrite comme « usage négatif » dans la *CRP* (A 11/B 25)

47. Dans les errata de la *Dissertation* (A_2, p. 38), Kant fait remplacer *ipsi inesse* par *ipsi per libertatem inesse*.

48. Allusion au passage bien connu de la *Lettre à Ménécée* d'Épicure selon lequel « le plaisir est le commencement et la fin de la vie heureuse » (Diogène Laërce, *Vies, doctrines et sentences des philosophes illustres*, X, 128).

49. La théorie du « moral sense » est exposée par le comte de Shaftesbury dans sa *Recherche sur la vertu, ou le mérite* (1699, traduction allemande 1747). Dans sa lettre à Kant du 25 décembre 1770, Moses Mendelssohn note : « Vous comptez Lord Shaftesbury au nombre de ceux qui suivent Épicure de loin, à tout le moins. J'ai cru jusqu'à présent qu'il fallait soigneusement distinguer l'instinct moral de Lord Shaftesbury du plaisir épicurien. C'est une faculté innée chez l'Anglais que de distinguer le bien du mal grâce au sentiment. Mais, chez Épicure, le plaisir n'était pas seulement critère du bien, il était le bien suprême » (AA 10, 114 ; trad. fr., p. 86).

50. *Cf.* en particulier les livres VII et VIII de *La République* de Platon.

51. Nous traduisons *conceptus intelligibilis* par *concept intellectuel*. C'est la seule fois que Kant emploie *intelligibilis*, normalement réservé aux objets, pour qualifier un concept : un concept qui n'est pas empirique est en effet toujours qualifié par Kant d'*intellectualis* (*cf.* § 2, 5, 6, 12, 24, 25, 28 et 30). Nous ne considérons pas cet hapax comme significatif.

52. Cf. *Refl.* 4347 (1770-1771?), AA 17, 514. « Archétype » doit être compris comme désignant un modèle (*Urbild*), cf. *Refl.* 3978 (1769), AA 17, 373.

53. *Cf.* dans la *Critique de la raison pure* la « réfutation de l'idéalisme », B 274 et suivantes.

54. *Cf.* par exemple le *Poème* de Parménide, fragment VIII, vers 50-61, et Platon, *Parménide*, 134e-135c.

55. Le temps et l'espace sont donc ici désignés comme des *schémas* de ce qui est sensible, à savoir comme ce « qui coordonne absolument tout ce qui est senti par les sens externes » (§ 15.D, à propos de l'espace). Le vocabulaire employé relève bien d'une métaphore de la figuration sensible. Mais Kant a bien pris soin au § 4 de préciser que la forme de la représentation sensible ne doit précisément pas être comprise comme un « schéma ou une esquisse de l'objet » (*adumbratio aut schema objecti*) – termes qu'il réserve donc à l'intuition pure. La même métaphore semble opérer lorsque Kant désigne l'espace et le temps comme des « images immuables *du sensible* » (*quasi typus immutabilis*, § 15 corollaire), ce qui ne veut pas dire qu'ils sont eux-mêmes des *images sensibles*. Cf. *infra*, p. 190, note 81.

56. Kant caractérise le temps comme idée (*idea*) ou concept (*conceptus*), par quoi il faut comprendre ici qu'il s'agit d'une idée singulière (comme va l'établir le point 2) et qu'il n'est pas une notion (*notio*), au sens où Baumgarten a introduit la distinction dans son *Acroasis Logica* (1761), § 44 : « Un concept singulier ou d'un individu est une idée ; un concept commun ou de la même chose en plusieurs est une notion ». Cela n'empêche pas Kant d'avoir un usage plus lâche des termes et de parler des « notions de l'espace et du temps » au § 12. La distinction sera rejetée dans la *CRP* (A 320/B 376).

57. S. Clarke emploie immense pour caractériser l'espace (« Infinite space is immensity ») et Dieu (« Immensity or omnipresence of God ») dans la *Troisième réponse à Leibniz* (GP VII, 368). Le terme est repris par Leibniz (*Quatrième écrit*, GP VII, 373).

58. Comprendre : « Donc le temps est une grandeur continue ».

59. *Cf.* A. G. Kästner, *Die mathematischen Anfangsgründe*, 4e partie, sect. 1 : *Anfangsgründe der höheren Mechanik, welche von der Bewegung fester Körper besonders die praktischen Lehren enthalten*, Göttingen, Vandenhoeck, 1766, p. 353-354 (nous traduisons) : «La loi de continuité en Géométrie sera observée sans exception pour les lignes courbes ; mais peut-elle être conservée pour les figures rectilignes ? N'est-il pas absolument impossible qu'un point change subitement de direction et qu'aucun point ne puisse ainsi parcourir le périmètre d'un triangle ou d'un carré ? Si la loi de continuité souffre une si grande exception en Géométrie, cela peut bien soulever le doute qu'elle soit également complètement universelle en Mécanique ».

60. La première mention publiée de la loi de continuité – ou principe général – se trouve dans une réponse à Malebranche que Leibniz fait insérer par P. Bayle dans les *Nouvelles de la Républiques des lettres* de juillet 1687 : «On le peut énoncer ainsi : *Lorsque la différence des deux cas peut être diminuée au dessous de toute grandeur donnée* in datis *ou dans ce qui est posé, il faut qu'elle se puisse trouver aussi diminuée au dessous de toute grandeur donnée* in quaesitis *ou dans ce qui en résulte* ; ou pour parler plus familièrement : *Lorsque les cas (ou ce qui est donné) s'approchent continuellement et se perdent enfin l'un dans l'autre, il faut que les suites ou événements (ou ce qui est demandé) le fassent aussi.* Ce qui dépend encore d'un principe plus général, savoir : *datis ordinatis, etiam quaesita sunt ordinata* (les donnés ayant un ordre, les demandés sont ordonnés de même) ». (« Lettre de M. L. sur un principe général utile à l'explication des lois de la nature par la considération de la sagesse divine, pour servir de réplique à la réponse du R. P. Malebranche », GP III, 52 ; *cf.* aussi Leibniz, *Discours de métaphysique et autres textes*, Paris, GF-Flammarion, 2001, p. 278). Un tel principe est déjà mentionné dans la lettre à Th. Craanen de juin 1679 (A II, 12, 713), mais c'est à cette formulation publiée de 1687 que Leibniz renverra par la suite tant dans sa correspondance (GP I, 354 ; GP IV, 568) que dans ses textes non publiés (*Nouveaux Essais*, A VI, 6, 56) ou publiés (*Théodicée*, GP VII, 279).

61. *Cf.* Newton, *Philosophiae naturalis principia mathematica* (1687), définitions, scolie, 1 (nous traduisons) : « Le temps absolu, vrai et mathématique, qui est sans relation à quoi que ce soit d'extérieur, en lui-même et de par sa nature coule uniformément : on l'appelle aussi "durée" ».

62. *Cf.* Leibniz, *Monadologie*, § 14. Précisément, Leibniz s'est opposé au concept newtonien de temps absolu (*Quatrième et cinquième écrit contre Clarke*, GP VII, 374 et 420).

63. Littéralement : « conséquence la plus importante ». Kant reconnaît dans la simultanéité et non dans la succession la propriété temporelle fondamentale, ce que l'on peut comprendre soit comme l'effet le plus important de l'être du temps soit comme l'implication majeure du concept de temps (comme nous le traduisons pour restituer la dénotation logique de *consectarium*). Alors que Leibniz définissait le temps comme l'ordre des successions ou des successifs (cf. *infra*, p. 188, note 74 et *Troisième et cinquième écrits contre Clarke*, GP VII, 363 et 415), Kant semble considérer qu'avant de penser les changements ou la permanence dans le temps, il faut penser la simultanéité dans le temps, par exemple la simultanéité des propriétés sensibles qui constituent un phénomène (§ 4).

63bis. [*ubiquitas temporis*]. Nous n'avons pas retrouvé une telle expression chez Newton. Peut-être est-il fait allusion au passage suivant (nous traduisons) : « Dieu dure toujours et est présent partout, et en existant toujours et partout, il constitue la durée et l'espace. Puisque chacune des particules de l'espace existe toujours et que chaque instant indivisible de la durée est partout (*unumquodque durationis indivisibile momentum ubique*), le créateur et seigneur de toutes choses ne sera certainement ni jamais ni nulle part » (Newton, *Philosophiae naturalis principia mathematica*, scolie général de la seconde édition (1713), § 4).

64. Dans les errata de la *Dissertation* (A$_2$, p. 38), Kant fait remplacer *secundum temporis mensuram, nempe motum* par *secundum temporis mensuram*, et fait donc supprimer l'ajout *nempe motum*, « c'est-à-dire selon le mouvement ».

65. Kant redéfinit le concept de spontanéité, qui ne s'applique qu'à des actes *à l'occasion de l'expérience*, et s'oppose ainsi à la spontanéité sans occasion des substances leibniziennes : « C'est qu'il faut donc dire que Dieu a créé d'abord l'âme, ou toute autre unité réelle de telle sorte, que tout lui doit naître de son propre fonds, par une parfaite spontanéité à l'égard d'elle-même, et pourtant avec une parfaite conformité aux choses de dehors » (Leibniz, *Système nouveau*, GP IV, 484).

66. Littéralement : « s'étendant à l'infini à tous les objets possibles des sens ».

67. Ligne droite (*recta*) est à prendre en son sens euclidien, où elle peut désigner un segment déterminé et mesurable, et par conséquent égal à une autre ligne, c'est-à-dire de même mesure. *Cf.* Wolff : « Une ligne (*linea*) est une grandeur qui a seulement une longueur, et n'a ni largeur ni épaisseur » (*Vollständiges Mathematisches Lexicon*, Leipzig, Joh. Friedrich Gleditschens, 1734, p. 771).

68. Il faut bien entendre la congruence (*congruentia*) au sens topologique de la superposabilité (et l'*incongruentia* comme le caractère de ce qui n'est pas superposable). *Cf.* Baumgarten, *Metaphysica*, § 70 (AA 17, 042) : « Les choses identiques du point de vue de la qualité sont semblables (*similia, ähnlich*), du point de vue de la quantité, égales (*aequalia, gleich*), et des deux points de vue, congruentes (*congruentia, gleichartig*) ». L'exemple des « objets non congruents » (*incongruenten Gegenstücken*) apparaît déjà dans *Le premier fondement de la différence des régions dans l'espace* de 1768 (AA 2, 381-383), et sera repris dans le § 13 des *Prolégomènes à toute métaphysique future* (AA 4, 285).

69. *In rationalibus*. Malgré la symétrie induite par la construction de la phrase, il faut comprendre que Kant parle ici des objets et non des connaissances rationnelles.

70. Sur la démonstration de la continuité de l'espace, *Cf. Monadologie physique* (1756), section I, prop. III, AA 1, 478.

71. La thèse de la non réalité – c'est-à-dire de l'idéalité – de l'espace et du temps sera rejetée par Lambert (AA 10, 103-111),

Sulzer (AA 10, 112) et par Mendelssohn (AA 10, 113-116). La réponse la plus complète de Kant n'interviendra cependant que dans la lettre à Marcus Herz du 21 février 1772 (AA 10, 129-135).

72. *Cf.* Newton, *Philosophiae naturalis principia mathematica*, définitions, scolie, 2 (nous traduisons) : « L'espace absolu, qui est sans relation à quoi que ce soit d'extérieur, demeure de par sa nature toujours semblable et immobile ».

73. Nous traduisons *nostratum plurimi* par « la plupart des philosophes » et non par « la plupart des gens de notre pays », en respectant la symétrie de la phrase : *post Anglos/geometrarum plurimis*; *post Leibnizium/nostratum plurimi*. Les « nôtres » s'oppose donc aux géomètres plutôt qu'aux Anglais.

74. Cf. *Recueil de diverses pièces*, 1759, p. 30, 3ᵉ écrit de Leibniz, § 4 : « J'ai marqué plus d'une fois que je tenais l'Espace pour quelque chose de *purement relatif*, comme le Temps ; pour un *ordre des coexistences*, comme le temps est un *ordre de successions*. Car l'espace marque en terme de possibilité un ordre des choses qui existent en même temps, en tant qu'elles existent ensemble ; sans entrer dans leur manière d'exister. Et lorsqu'on voit plusieurs choses ensemble, on s'aperçoit de cet ordre des choses entre elles » (GP VII, 363). Leibniz s'oppose donc à la réalité de l'espace absolu newtonien, non de l'espace relatif tel qu'il le définit (« L'espace n'est autre chose que cet ordre ou rapport, et n'est rien du tout sans les corps, que la possibilité d'en mettre », *ibid.*, p. 31).

75. Le terme de relation ne s'applique qu'aux objets de l'intuition – autrement Kant emploie le terme de rapport entre concepts de l'entendement. Cf. *Refl.* 3969 (1769), AA 17, 369 (nous traduisons) : « Notre raison ne contient rien d'autre que des relations (*relationes*). Si elles ne sont pas données par les rapports de l'espace et du temps dans l'expérience, ni par la répétition et la composition d'une unité à partir d'une diversité dans la mathématique pure, alors ce ne sont pas des relations qui se rapportent aux objets, mais seulement des rapports (*Verhältnisse*) entre nos concepts selon les lois de notre raison ». C'est pourquoi ces soi-disant relations appartiennent au monde de la fable,

autrement dit à la *Schwärmerei*. *Cf.* Baumgarten, *Metaphysica*, § 91 (AA 17, 047): «Un agrégat de songes est un monde de la fable (*mundus fabulosus, Land der Wünsche*)»; et § 359 (AA 17, 104): «Un monde de la fable n'est pas un monde».

76. *Bilineum rectilineum.* En géométrie euclidienne, un biligne (une figurée formée de deux lignes) ne peut-être rectiligne mais est nécessairement formé de lignes courbes, puisque par deux points du plan ne peut passer qu'une seule droite (*cf.* Euclide, *Éléments*, livre I, demande 1, et notion commune 9). On a souvent pris cette mention comme une indice de la possibilité de géométries non-euclidiennes chez Kant; or le texte dit clairement qu'une telle possibilité ne pourrait être exclue *si* la géométrie reposait sur des principes empiriques, *ce qui n'est pas le cas.* On peut bien penser sans contradiction un espace non euclidien, cela ne suffit pas à faire une *géométrie* non-euclidienne, puisqu'une géométrie pour Kant, «traduction la plus fidèle des phénomènes», doit toujours pouvoir construire ses objets. La même remarque s'applique aux autres mentions isolées que l'on a cru pouvoir interpréter dans le sens de la possibilité d'une géométrie non-euclidienne (*Pensées sur la véritables estimations des forces vives*, § 10; *Refl.* 6425 (1790-1804?), AA 18, 712).

77. Il est difficile de savoir à qui Kant fait référence. Leonhard Euler donne un argument semblable en attribuant la thèse aux «partisans des monades», à savoir des monades physiques, au premier rang desquels il compte Wolff dans la lettre du 5 mai 1761: «Les partisans des monades pour soutenir leur sentiment sont obligés de dire, que les corps ne sont pas étendus, et qu'ils n'ont qu'une étendue qu'apparente ou *quasi-étendue.* (…) Notre idée de l'étendue serait donc tout à fait imaginaire et chimérique. Dans ce cas la Géométrie serait une spéculation entièrement inutile, et elle n'admettrait jamais une application aux choses, qui existent réellement au monde» (*Lettres à une princesse d'Allemagne sur divers sujets de physique et de philosophie*, Saint Petersburg, Académie impériale des Sciences, 1768, p. 214).

78. Cf. *supra*, p. 177, note 22.

79. Sur le temps et l'espace comme infinis donnés, cf. *CRP* A 25/ B 39 et A 32/B 47. La *Critique* précisera : « L'espace est représenté comme grandeur infinie donnée » (A 25/B 39).

80. Littéralement : « elles n'en sont pas moins des substrats pour l'entendement (*substrata intellectui*) ». Le terme de substrat, historiquement et métaphysiquement déterminé, ne convient pas dans son usage ici moins strict (*cf.* la critique du recours au terme occulte de *substratum* chez Leibniz, *Nouveaux Essais*, II, 23, 1). On pourrait également traduire *substratum* par *base*.

81. *Conceptui temporis typus*. Il est difficile de traduire « typus », qui qualifie ici l'espace par rapport au temps, mais qui qualifie aussi à la fin du corollaire l'espace et le temps par rapport au sensible. Une traduction possible de *typus* par *symbole* conviendrait dans le premier cas (la ligne droite comme *symbole* du temps), mais non dans le second, d'autant que Kant ne parle de « connaissance symbolique » que de ce dont il n'y a précisément pas d'intuition (§ 10). Les deux occurrences sont traduites par type (Tissot et Mouy), image et type (Alquié et Beck), image (Walford), *Bild* et *Urbild* (Reich), *Bild* (Hinske). Nous gardons pour les deux occurrences le terme d'image, conformément à la traduction allemande de ce que Lambert croit avoir compris de Kant dans sa lettre du 13 octobre 1770 : « Je peux tout à fait accepter que l'on considère l'espace et le temps comme de simples images et apparitions (*als bloße Bilder und Erscheinungen*) » (AA 10, 108). Dans le corollaire du § 15, le *typus* est le produit d'un acte de l'esprit (*mentis actio*). L'exemple de la ligne comme représentation figurée du temps est par ailleurs repris dans la *Critique de la raison pure*, B 154.

82. *Quasi typus immutabilis*. Sur la traduction de *typus*, voir la note précédente et sur la métaphore de la représentation sensible, voir *supra*, p. 184, note 55.

83. Dans le refus de la spontanéité leibnizienne sans occasion, Kant, après avoir reconnu des concepts de l'entendement pur acquis à l'occasion de l'expérience (§ 8, cf. *supra*, p. 181, note 41), reconnaît

que l'espace et le temps sont des concepts acquis par un acte de l'esprit à l'occasion des sensations.

84. Nous traduisons *influxus* par influence et non par influx, conforme en cela à l'usage leibnizien, dont la discussion des différents systèmes de communication des substances est à l'arrière plan de toute la section IV, la moins innovante de Kant sur le plan doctrinal. Leibniz n'emploie en effet jamais, dans le *Système nouveau* et dans ses éclaircissements successifs, le terme d'influx lorsqu'il expose la « voye de l'influence » (GP IV, 477 *sq.*). Par ailleurs, si la traduction d'*influxus physicus* (§ 17) par « influx physique » est possible, celle d'*influxus spirituum* (§ 30) par « influx des esprits » serait fautive.

85. Nous transposons *commercium* par *commerce*. Les autres traductions qui ont pu être avancées, *communauté réciproque* (en allemand, Reich, p. 63) ou interaction mutuelle (en anglais, Walford, p. 401) anticipent trop sur le vocabulaire de la *Critique de la raison pure*, et la catégorie de communauté définie comme action réciproque (*CRP* A 80, B 106) et comme *commercium* (*CRP* A 213, B 260). A la fin du § 18, Kant définit le commerce des substances comme « la dépendance mutuelle de leurs états ». Le terme est repris de Baumgarten (*Metaphysica*, § 448-465 : « Substantiarum mundanarum commercium »). La question du commerce des substances a été ravivée par l'article de Leibniz, publié en 1695, sur le *Système nouveau de la nature et de la communication des substances* (GP IV, 477-487), lequel emploie en français l'expression de « commerce des substances » (*Essais de théodicée*, GP VI, 44, 136, 434).

86. *Cf.* Kant, *Nova Dilucidatio* (1755), proposition XIII sur le principe de coexistence (AA 1, 412-416).

87. *Cf.* Kant, *Evaluation des forces vives* (1747), § 5, AA 1, 20.

88. *Extramundanum.* Leibniz qualifie Dieu *d'intelligentia extramundana* (*Nouveaux Essais*, III, X, § 14 ; *Théodicée*, § 248) et Baumgarten d'*ens extramundanum* (*Metaphysica*, § 388, 854).

89. La différence entre la présence locale et virtuelle est expliquée plus bas et rapportée à Euler (§ 27 et remarque du § 30).

90. *Entia ab alio* : il s'agit de la propriété que les scolastiques médiévaux nommaient abaliété, et que Kant définit plus bas comme *dependentia ab uno*. Elle s'applique ici aux substances du monde, alors qu'elle qualifiait dans des notes kantiennes le monde lui-même (cf. *Refl.* 3822 (1764-1769), AA 17, 303), suivant en cela Baumgarten, *Metaphysica*, § 375 (AA 17, 106) : « Tout monde est un être qui dépend d'un autre (*ens ab alio, seu dependens*), et a une cause efficiente en dehors de lui dont il est l'effet ».

91. *Cf.* Ch. Wolff, *Cosmologia generalis* (1731), § 60-61.

92. *Per sustentationem*. Dans le scolie du paragraphe 22, Kant parle de la cause sous-jacente commune (*causa sustentatrix*).

93. *Sympatheticum*. Chez Leibniz, le terme de sympathie est un concept général, synonyme d'accord, employé pour décrire les trois systèmes du commerce des substances, et non un type particulier d'harmonie (GP IV, 498, 501), comme c'est le cas ici. C'est la raison pour laquelle nous préférons traduire *sympathia* par affinité.

94. Référence au § 17. Kant va se prononcer en faveur de cette version amendée de l'influence physique à la fin du § 22.

95. Il s'agit de la *spontanéité* de la substance, terme qui est pour la première fois employé en français par Leibniz lors de la publication du *Système nouveau de la nature et de la communication des substances* (juillet 1695). L'expression *primam substantiae constitutionem* renvoie au passage suivant : « les perceptions internes dans l'âme même lui arrivent *par sa propre constitution originale* » (GP IV, 484).

96. La doctrine de l'influx ou influence physique est ici considérée comme une harmonie établie extérieurement, et non plus intérieurement, comme Kant l'écrivait encore quelques mois plus tôt (*Refl.* 4216, 1769-1770, AA 17, 460). *Cf.* aussi *Refl.* 3729 (1762?-1766?) AA 17, 271 (nous traduisons) : « Il y a entre les substances de l'univers un commerce par harmonie établie ; laquelle est soit une harmonie établie intérieurement (influx physique) soit établie extérieurement ; et cette dernière est soit une harmonie préétablie extérieurement, soit établie extérieurement occasionnellement ». De la même période, voir encore *Refl.* 3730, AA 17, 272 ; et plus tardivement

Refl. 4101 (AA 17, 415), *Refl.* 4537-4540 (AA 17, 586-587) et *Refl.* 4667 (AA 17, 631).

97. *Certitudo apodicta, quae metaphysicam decet.* Alors qu'apodictique signifie traditionnellement et à la suite d'Aristote démonstratif, Kant distingue au moins depuis le *Preisschrift* de 1763, un apodictique démonstratif (propre aux mathématiques) d'un apodictique non démonstratif (propre à la philosophie) dont le critère est la conscience de la nécessité. Cf. *Refl.* 2454 (1769-1771?), AA 16, 376 : « La certitude apodictique est mathématique ou philosophique, celle-ci est intuitive et celle-là discursive » ; ou *Refl.* 2457 (1769-1775?), AA 16, 377 : « La certitude est soit (pratique ou) empirique soit apodictique, et celle-ci soit discursive soit démonstrative ».

98. *Causa sustentatrix communis*, à savoir la cause commune qui soutient toutes choses, y compris l'esprit.

99. Cf. *supra*, p. 79, § 2.II : « Tout changement suppose l'identité du sujet dans la succession même des déterminations ».

100. *Causae generalis aeternitas, phaenomenon.* L'omniprésence phénoménale (la coexistence dans l'espace) et l'éternité phénoménale (la permanence sans fin dans le temps) définissent le monde comme sempiternel – ou de tout temps, *cf.* § 29 et *infra*, p. 196, note 115. Dans le texte original, « éternité phénoménale » est imprimé en italiques : nous rétablissons les majuscules, par symétrie avec « omniprésence phénoménale » – puisque cela ne nous semble pas porter à conséquence. Adickes, sur lequel s'appuient toutes les traductions, oublie la virgule entre *aeternitas* et *phaenomenon* : « *causae* generalis *aeternitas phaenomenon* » (AA 2, 410). Si l'on rétablit la virgule et qu'on considère qu'elle n'est pas une faute typographique, alors il faut considérer selon l'usage kantien que *phaenomenon* est opposé à *aeternitas* : « le temps est l'éternité, ou le phénomène, de la cause générale », par quoi il faut comprendre que le temps est la possibilité de la permanence de toutes choses, y compris de la cause générale « éternelle », tout comme l'espace est la possibilité de coprésence de toutes choses, y compris de la présence de la cause générale à toutes choses. Tissot traduit par « l'éternité, le phénomène de la cause

universelle » (p. 256); Reich traduit par « l'éternité de la cause générale dans le phénomène » (*die Ewigkeit der allgemeinen Ursache in der Erscheinung*); Hinske par « l'éternité de la cause générale, en tant que phénomène » (*die Ewigkeit der allgemeinen Ursache, als Phaenomenon*); Mouy, Alquié et Walford par « l'éternité phénoménale de la cause générale » – ce qui nous semble le mieux restituer cette expression difficile.

101. *Cf.* N. Malebranche, *De la recherche de la vérité*, Paris, 1675, 3ᵉ livre, 2ᵉ partie, chap. 6 : « Que nous voyons toutes choses en Dieu ». Quelques dix ans plus tard, Kant se distinguera plus nettement de la phrase de Malebranche qu'il identifiera comme *Schwärmerei* ou deuxième degré de mysticisme (*Refl.* 6051, 1778-1788 ?, AA 18, 437).

102. Nous traduisons ici les substantifs *sensitiva* et *intellectualia* par *connaissances sensibles* et *connaissances intellectuelles* puisque, en tant qu'adjectifs qualificatifs, Kant les applique aux concepts ou aux connaissances par opposition aux objets. L'objet de la section est bien de préserver « de la contagion des connaissances intellectuelles par les connaissances sensibles (*sensitivae cognitionis cum intellectuali contagium*) » (fin du § 23) et d'établir ainsi « la distinction de la connaissance sensible et intellectuelle (*discrimen sensitivae atque intellectualis cognitionis*) » (fin du § 30).

103. *Intuitus sensitivus*. Kant a distingué dans la première phrase deux intuitions : l'intuition issue des sens (*sensualis*), et l'intuition sensible mais pure (*sensitivus at purus*). Dans la *Critique de la raison pure*, la première sera dite sensible, et la seconde pure.

104. Le texte dit seulement « la contagion des connaissances sensibles *avec* les connaissances intellectuelles », mais il est clair dès le début du § 24 qu'il s'agit de la contagion *par* les connaissances sensibles, sans réciproque. Il s'agit bien de mettre en œuvre cet usage élenchtique des connaissances intellectuelles dont parle le § 9, à savoir se prémunir de la « contagion des erreurs » et montrer que s'il y a un *contagium*, un point de contact entre les connaissances sensibles et intellectuelles, il n'y a cependant pas *continuité* et *contagion* des unes aux autres.

105. *Principia spuria*. *Spurius* signifie littéralement « bâtard » : il qualifie ici les principes qui contiennent des éléments relevant de l'intuition (comme une référence implicite au temps ou au lieu) mais qui se font passer pour purement intellectuels. Kant qualifie aussi ce genre de principe d'hybride (*hybridum*, § 24, p. 40) ou de faux (*falsum*, § 25, p. 40). Peut-être se souvient-il du « raisonnement bâtard » dont parle le *Timée*, et qui concerne précisément les formes du lieu selon lesquelles tout ce qui est doit être en quelque lieu, raisonnement qui ne contient pour Platon aucune sensation (Platon, *Timée*, 52a-b). Mais le raisonnement bâtard (traduit en latin par *ratio adulterina*, cf. *Plato Latinus*, p. 50) n'est pas illégitime chez Platon, comme il l'est chez Kant. La traduction par *pseudo* a l'avantage de restituer la duplicité de ces principes faussement intellectuels.

106. Il s'agit de la conversion au sens logique.

107. *Ars docimastica* : terme technique de la chimie (métallurgique) qui désigne l'art de l'analyse d'un minéral afin d'en trouver les différents composants et leurs proportions. Voir l'article « essai » de l'*Encyclopédie ou dictionnaire raisonné des sciences, des arts et des métiers*, t. 5 (1760), p. 983 : « Les opérations des *essais* ne sont autre chose que l'analyse chimique de certains corps, à laquelle on applique le calcul. Leur point de réunion, ou plutôt ces mêmes opérations rassemblées en un corps de doctrine prennent le nom de *Docimastique* ou *Docimasie*, qui signifie *art des essais*, art purement chimique ». Voir aussi l'article « docimasie », *ibid.* p. 1.

108. *Cf.* Platon, *République*, 509d-511e. L'idée platonicienne sera définie comme « archétype des modèles originaux des choses elles-mêmes » dans la *Critique de la raison pure* (A 313/B 370).

109. Un tel axiome qui attribue un lieu à tout ce qui est, rappelle bien en effet le raisonnement bâtard de la forme du lieu chez Platon : « Enfin il y a toujours une troisième espèce, celle du lieu, qui n'admet pas de destruction et qui fournit une place à tous les objets qui naissent. Elle n'est elle-même perceptible que par un raisonnement bâtard où n'entre pas la sensation ; c'est à peine si l'on y peut croire. Nous l'entrevoyons comme dans un songe, en nous disant qu'il faut

nécessairement que tout ce qui est soit quelque part dans un lieu déterminé, occupe une certaine place, et que ce qui n'est ni sur la terre ni en quelque lieu sous le ciel n'est rien » (Platon, *Timée*, 52a-b).

110. *Cf.* la reformulation de Lambert, *Correspondance*, AA 10, 109, trad. fr., p. 80. Sur la distinction entre l'être pensé d'une chose (qui n'implique pas de conditions spatio-temporelles) et l'existence d'une chose qui implique un lieu et un temps, voir Crusius, *Entwurf der nothwendigen Vernunft-Wahrheiten* (1745), § 46.

111. Le même proverbe est repris en *CRP*, B 83. Selon Walford, p. 465, il provient de Polybe, *Historia*, XXXIII, 21.

112. *Cf.* L. Euler, *Lettres à une princesse d'Allemagne sur divers sujets de physique et de philosophie*, 1768, Lettre du 29 novembre 1760, p. 5 : « Or cette même union de chaque âme avec son corps est sans doute et restera toujours le plus grand mystère de la Toute puissance Divine, que nous ne saurions jamais pénétrer ».

113. Cf. *Recueil de diverses pièces*, 1759, 3ᵉ écrit de Leibniz, § 6, p. 32 : « Supposez que quelqu'un demande pourquoi Dieu n'a pas tout créé un an plus tôt » (GP VII, 364). Remarquons que la question n'a pas de sens pour Leibniz puisque le temps n'est rien en dehors de la succession des choses.

114. Kant fait ici allusion à la substitution par Wolff d'une monadologie physique (telle que le nombre des éléments simples d'un corps est fini) en lieu et place de « l'argument intellectuel » leibnizien, à savoir la thèse monadologique telle qu'elle est formulée au § 2 de la *Monadologie* : « Et il faut qu'il y ait des substances simples, puisqu'il y a des composés ».

115. *Sempiternus*. Baumgarten distingue l'éternité comme durée sans fin du sempiternel comme ce qui est simultanément présent en chacun de ses temps (cf. *Metaphysica*, § 302, AA 17, 093).

116. *Miracula comparativa*. *Cf.* Baumgarten, *Metaphysica*, § 470.

117. La référence renvoie à la deuxième partie de la traduction allemande des *Lettres à une jeune princesse* (*cf.* L. Euler, *Briefe an eine deutsche Prinzessinn über verschiedene Gegenstände aus der*

Physik und Philosophie, Leipzig, Junius, 1769), précisément à la fin de la lettre 92 du 10 janvier 1761 et au début de la lettre 93 du 13 janvier 1761. Le passage en question est le suivant : « Ce sera donc aussi une question absurde de demander, en quel lieu un esprit existe ? Car dès qu'on attache un esprit à un lieu, on lui suppose une étendue. Je ne saurais non plus dire en quel lieu se trouve une *heure*, quoiqu'une heure soit sans doute quelque chose : ainsi quelque chose peut-être sans qu'elle soit attachée à un certain lieu. De la même manière je puis dire, que mon âme n'existe pas dans ma tête, ni hors de ma tête, ni en quelque lieu que ce soit, sans qu'on puisse tirer la conséquence que mon âme n'existe point du tout ; aussi peut que l'heure d'à présent, dont je puis dire véritablement, qu'elle n'existe ni dans ma tête ni hors de ma tête. Un esprit existe sans qu'il existe en un certain lieu ; mais si nous faisons réflexion au pouvoir, qu'un esprit peut avoir d'agir sur un certain corps, cette action se fait sans doute dans un certain lieu » (*Lettres à une princesse d'Allemagne sur divers sujets de physique et de philosophie*, 1768, p. 55).

LEXIQUE LATIN-FRANÇAIS

Lorsque plusieurs traductions sont possibles, nous les indiquons dans l'ordre décroissant d'usage (entre parenthèses le paragraphe correspondant).

actualia	choses actuelles
actuatio	actualisation
affectiones (*spatii*)	propriétés (de l'espace)
apparentia	apparition
archetypus	archétype
causa et causatum	cause et effet
collatio	comparaison
commercium	commerce
compartes	parties complémentaires
complementa	compléments
completudo	complétude
complexus	réunion
compraesentia	présence simultanée
confere	rapporter
congruentia (*incongruentia*)	congruence (incongruence)
conjunctio	conjonction
consectarium	conséquence ; ce qui provient de
convenientia	convenance

empiricus	empirique
exemplar	modèle
exsequor (*in concreto*)	produire (concrètement)
extramundanus	extérieur au monde
genesis	formation (1) ; genèse (23)
influxus	influence
intellectio	intellection
intellectualia	connaissances intellectuelles
intellectualis	intellectuel
intellectus	entendement
intelligentia	intelligence
intelligibilia	choses intelligibles
intelligibilis	intelligible
mensurabilitas	commensurabilité
momentum	instant
nexus	liaison
omnitudo	intégralité
perdurabilitas	permanence
perversus	aberrant
principium et principiatum	principe et conséquence
quantum	grandeur
ratio	raison
ratio intellectus	principe de l'entendement
ratio et rationatum	principe et conséquence
ratiocinus	raisonnement
rationata	conséquences

reluctantia (subjectiva)	opposition (subjective)
respiciere	se rapporter à
respectus	rapport
schema	schéma
sensibilis	sensible (en parlant des choses)
sensibilia	choses sensibles
sensitivus	sensible (en parlant de la connaissance)
sensualis	issu des sens
sensualitas	sensibilité
species	aspect ; espèce (30)
spurius	pseudo
stabilitas	régularité
status repraesentativus	état représentatif
sustentatrix	sous-jacent
sympathia	affinité
terminus	limite ; extrémité (15cor) ; fin (1)
totalitas	totalité
typus	image
universitas	universalité
viccissitudinis	changement
vinculum	lien
vires transeuntes	forces communicables

INDEX RERUM

Les renvois de page en italiques désignent des mentions ou des références implicites.

INDEX NOMINUM

Les renvois de page en italiques désignent des mentions ou des références implicites.

BIBLIOGRAPHIE

ŒUVRES DE KANT

Gesammelte Schriften, édité par l'Académie des Sciences de Prusse (puis de Berlin), Berlin et Leipzig, vol. 1 à 28, 1922-.... La mention AA (Akademie-Ausgabe) est suivie des numéros de volume et de page.

Correspondance, AA 10, *Kant's Briefwechsel*, Bd. 1, 1747-1788, trad. fr. partielle dans Emmanuel Kant, *Correspondance*, Paris, Gallimard, 1991.

Critique de la Raison Pure, AA 3, *Kant's Werke*, Bd. 3, *Kritik der reinen Vernunft*, trad. fr. A. Renaut, Emmanuel Kant, *Critique de la raison pure*, Paris, Aubier, 1997. La mention *CRP* est suivie, le cas échéant, de la pagination dans la première édition de 1781 (A) puis dans la seconde de 1787 (B).

Logique, AA 9, *Kant's Werke*, Bd. 9, *Logik, Physische Geographie. Pädagogik*, trad. fr. L. Guillermit, Emmanuel Kant, *Logique*, Paris, Vrin, 1966.

Réflexions, publiées dans les volumes 14 à 20 de l'édition de l'Académie (cité *Refl.*).

ÉDITIONS DE LA *DISSERTATION*

A₂ : *De mundi sensibilis atque intelligibilis forma et principiis*, Königsberg, Johann Jakob Kanter, 1770.

Ad : *De mundi sensibilis atque intelligibilis forma et principiis*, édition d'E. Adickes (1905), AA 2, 385-419.

W : *De mundi sensibilis atque intelligibilis forma et principiis*, édition de W. Weischedel, dans Emmanuel Kant, *Werke in sechs Bänden*, t. 3, Darmstadt, Wissenschaftliche Buchgesellschaft, 1958, p. 7-107.

TRADUCTIONS DE LA *DISSERTATION*

– en français

Tissot : *De la forme et des principes du monde sensible et de l'intelligible*, trad. J. Tissot, dans *Mélanges de logique d'Emm. Kant*, Paris, Librairie philosophique Ladrange, 1862, p. 207-275.

Mouy : *La dissertation de 1770*, trad. P. Mouy, Paris, Vrin, 1942.

Alquié : *La dissertation de 1770 : De la forme et des principes du monde sensible et du monde intelligible*, trad. F. Alquié, dans Emmanuel Kant, *Œuvres philosophiques*, Paris, Gallimard, 1980, vol. 1, p. 623-678.

– en allemand

Hinske : *Von der Form der Sinnen- und Verstandeswelt und ihren Gründen*, trad. N. Hinske, dans Emmanuel Kant, *Werke in sechs Bänden*, t. 3, Darmstadt, Wissenschaftliche Buchgesellschaft, 1958, p. 7-107.

Reich : *Über die Form und die Prinzipien der Sinnen und Geisteswelt*, trad. K. Reich, Hamburg, Felix Meiner, 1958.

– en anglais

Beck : *On the form and principles of the sensible and the intelligible world*, trad. L. W. Beck, dans *Kant's Latin Writings*, New York, Peter Lang, 1986, p. 135-192.

Walford : *On the form and principles of the sensible and the intelligible world (inaugural dissertation)*, trad. D. Walford, dans Emmanuel Kant, *Theoretical philosophy, 1755-1770*, Cambridge, Cambridge University Press, 1992, p. 372-416.

LITTÉRATURE PRIMAIRE

ARISTOTE, *Seconds Analytiques*, dans *Organon*, t. IV, trad. fr. J. Tricot, Paris, Vrin, 2000.

BAUMGARTEN A. G., *Metaphysica*, 3e édition, Halle-Magdeburg, Hemmerde, 1757 (1re éd. 1739), repris dans AA 17, 005-226.

– *Acroasis logica in Christianum L. B. De Wolff*, Halle-Magdeburg, Hemmerde, 1761, repris dans Ch. Wolff, *Gesammelte Werke*, III. Abteilung, Bd. 5, Hildesheim, Olms, 1973.

CRUSIUS Ch. A., *Entwurf der nothwendigen Vernunft-Wahrheiten*, Leipzig, Gleditsch, 1745 ; Hildesheim, Olms, 1964.

EULER L., *Lettres à une princesse d'Allemagne sur divers sujets de physique et de philosophie*, Saint Petersburg, Académie impériale des Sciences, 1768 ; trad. all., *Briefe an eine deutsche Prinzessinn über verschiedene Gegenstände aus der Physik und Philosophie*, Leipzig, Junius, 1769, repris Vieweg und Sohn, Braunschweig-Wiesbaden, 1986.

HUME D., *A treatise of human nature being an attempt to introduce the experimental method of reasoning into moral subjects*, Th. H. Green et Th. H. Grose (éd.), Londres, vol. 1, 1886 ; Aalen, Scientia Verlag, 1964.

LEIBNIZ G. W., *Sämtliche Schriften und Briefe*, Darmstadt, Leipzig puis Berlin, édition de l'Académie des Sciences de Berlin-

Brandeburg et de l'Académie des Sciences de Göttingen, 1923-…, cité A suivi des numéros de série, tome, page.

– *Die philosophischen Schriften von G.W. Leibniz*, édition C.I. Gerhardt, Berlin, 7 vol., 1875-1890; Hildesheim, Olms, 1978; cité GP.

LENZ J. M. R., *Als Sr. Hochedelgebohrnen der Herr Professor Kant den 21sten August 1770 für die Professor-Würde disputirte*, facsimilé de l'édition originale de 1770, Ch. Weiß (éd.), Hannover-Laatzen, Wehrhahn, 2003.

MEIER G. F., *Auszug aus der Vernunftlehre*, Halle, 1752, repris dans AA 16.

NEWTON I., *Philosophiae naturalis principia mathematica*, The third edition (1726) with variant readings, assembled and edited by A. Koyré and I. B. Cohen, Cambridge, Harvard University Press, 1972, 2 vol.

Plato Latinus, R. Klibansky (éd.), vol. IV, *Timaeus a Calcidio translatus*, J.H. Waszink (éd.), Leiden, J. Brill, 1962.

Recueil de diverses pièces sur la philosophie, la religion naturelle, l'histoire, les mathématiques, etc. par messieurs Leibniz, Clarke, Newton et autres auteurs célèbres, Pierre des Maizeaux (éd.), 3ᵉ éd., Lausanne, Marc-Michel Bousquet, 1759, tome premier (contenant les « Difficultez de Mr. Leibniz contre les sentimens de quelques célèbres écrivains Anglois, avec les réponses de Mr. Clarke »).

WOLFF Ch., *Cosmologia generalis methodo scientifica pertractata*, Frankfurt-Leipzig (1731; 2ᵉ éd. 1737), dans *Gesammelte Werke*, II, 4, J. École (éd.), Hildesheim, Olms, 1964.

– *Discursus Praeliminaris de philosophia in genere*, Frankfurt-Leipzig (1728), dans *Gesammelte Werke*, II, 1.1, J. École (éd.), Hildesheim, Olms, 1983; *Discours préliminaire sur la philosophie en général*, trad. fr. Th. Arnaud, W. Feuerhahn, J.-F. Goubet et J.-M. Rohrbasser, Paris, Vrin, 2006.

LITTÉRATURE SECONDAIRE SUR LA *DISSERTATION*

ERTL W., *David Hume und die Dissertation von 1770: eine Untersuchung zur Entwicklungsgeschichte der Philosophie Immanuel Kants*, Frankfurt, Peter Lang, 1999.

FEICHTINGER G., *Über die Entstehung und den kritischen Charakter der Kant'schen Inauguraldissertation vom Jahre 1770 im Zusammenhang mit der Farge: Ist der Kritizismus Kants aus der Lektüre der* Nouveaux essais *von G. W. Leibniz hervorgegangen?*, Giessen, Gießener Studenthilfe, 1928.

GUÉROULT M., «La *Dissertation* kantienne de 1770. Deux conférences», *Archives de philosophie*, 41, 1978, p. 3-25.

HARNACK A., *Geschichte der Königlich Preussischen Akademie der Wissenschaften zu Berlin*, Bd. I, 1, Von der Gründung bis zum Tode Friedrich's des Grossen (Berlin, 1900), Hildesheim, Olms, 1970.

HINSKE N., *Kants Weg zur transzendantal Philosophie: der dreißigjährige Kant*, Stuttgart, Kohlhammer, 1970.

KIM Ch. W., *Der Begriff der Welt bei Wolff, Baumgarten, Crusius und Kant: eine Untersuchung zur Vorgeschichte von Kants Weltbegriff von 1770*, Frankfurt, Peter Lang, 2004.

KREIMENDAHL L., *Kant der Durchbruch von 1769*, Köln, Dinter, 1990.

LAMARRA A. et PIMPINELLA P., *Indici e concordanze degli scritti latini di Immanuel Kant*, vol. 1, *De Mundi sensibilis atque intelligibilis forma et principiis*, Roma, Edizioni dell'Ateneo, 1997.

PIMPINELLA P., «Reluctantia subiectiva und repugnantia obiectiva in der Inauguraldissertation Kants», *Aufklärung* (Hamburg) 5, 1, 1990, p. 57-79 (trad. all. de la préface des *Indici e concordanze degli scritti latini di Immanuel Kant*, vol. 1, p. 7-25, voir Lamarra).

ROSER A. et MOHRS Th., *Kant-Konkordanz zu den Werken Immanuel Kants* (Bd. I-IX der Ausgabe der Preußischen Akademie der Wissenschaften), Hildesheim, Olms-Weidmann, 1992-1995.

SALA G. B., « Der "reale Verstandesgebrauch" in der Inauguraldissertation Kants von 1770 », *Kant-Sudien*, 69, 1978, p. 1-16.

SCHMUCKER J., « Was entzündete in Kant das große Licht von 1769? », *Archiv für Geschichte der Philosophie*, 58, 1976, p. 393-434.

THEIS R., *Approches de la* Critique de la raison pure. *Études sur la philosophie théorique de Kant*, Hildesheim, Olms, 1991; en particulier « Le silence de Kant. Étude sur l'évolution de la pensée kantienne entre 1770 et 1781 », p. 1-31 et « Aux sources de l'Esthétique transcendantale », p. 32-76.

WARDA A., *Die Druckschriften Immanuel Kants bis zum Jahre 1838*, Wiesbaden, Heinrich Staadt, 1919.

Autres

CHAR R., *Le marteau sans maître*, Paris, José Corti, 1945.

DELEUZE G., *Le pli*, Paris, Minuit, 1988.

FOUCAULT M., *Dits et Écrits*, 2 vol., Paris, Gallimard, 2001.

KANT E., *Anthropologie du point de vue pragmatique*, trad. fr. M. Foucault, Paris, Vrin, 1994.

TABLE DES MATIÈRES

Imprimerie de la Manutention à Mayenne – Juillet 2007 – N° 206-07
Dépôt légal : 3ᵉ trimestre 2007

Imprimé en France